중역의 리더십

Tacheles aus der Chefetage
by Gunar M. Michael with illustrations by Oliver Weiss

중역의 리더십

냉혹한 직장에서 벌어지는 상황별 리얼 스토리 

구나르 M. 미하엘 지음
올리버 바이스 그림
신혜원 옮김

열대림

중역의 리더십

냉혹한 직장에서 벌어지는 상황별 리얼 스토리 50

초판 1쇄 인쇄 2015년 3월 15일
초판 1쇄 발행 2015년 3월 20일

지은이 | 구나르 M. 미하엘
그린이 | 올리버 바이스
옮긴이 | 신혜원
펴낸이 | 정차임
디자인 | 신성기획
펴낸곳 | 도서출판 열대림
출판등록 | 2003년 6월 4일 제313-2003-202호
주소 | 서울시 영등포구 양평동3가 66 삼호 1-2104
전화 | 332-1212
팩스 | 332-2111
이메일 | yoldaerim@naver.com

ISBN 978-89-90989-60-4 03320

"그 누구도 온전한 섬으로 존재할 수 없다. 모두가 대륙의 한 조각이며 전체의 일부분이다." 존 던

그 어떤 인간도 홀로 존재하는 섬이 아니다. 경영에서도 매일매일 특별한 방식으로 그것이 진실임이 입증된다. 우리는 경영하는 방법을 경영에서 배운다. 그리고 훌륭한 스승들로부터 배운다. 선견지명이 있는 상사들, 뛰어난 능력의 동료들, 그리고 때로는 저항하고 도전하는 부하직원들로부터. 그들 모두에게 나의 특별한 감사의 마음을 보낸다! 구나르 M. 미하엘

머리말

이 책은 좀 다르다

처음 책을 훑어보았을 때 당신은 이미 감지했을 것이다. 이 책은 지루한 전개와 장문의 이론 대신 짧은 이야기들과 간결하고 알찬 정보들로 채워져 있다. 경영의 실제 체험들이 가감 없이 실려 있는 책이다. 어떤 이야기들은 재미있고, 어떤 것들은 서글프며, 또 어떤 것들은 여운을 남기거나 경악할 만하다. 나 자신에게 민망한 이야기도 있고, 자랑스러운 이야기도 있다. 이 모든 이야기들이 당신에게 많은 것을 깨닫게 해주기를 바란다. 나는 여러 가지 힘겨운 상황에 부딪힐 때마다 책을 통해 해결 방법을 찾거나 경험자에게 조언을 구했다. 하지만 내가 원하는 답을 찾은 경우는 많지 않았다. 그러나 당신은 이 책을 읽은 후에 나와는 다른 경험을 하게 될 것이다. 이 책은 실무와 매우 밀접하게 관련된 내용을 담고 있기 때문이다. 잘 분류되어 있고 원하는 것을 찾아보기에도 편하다. 그리고 무엇보다도 이해하기 쉽다. 이해하기 쉽지만, 곧 알게 되듯, 결코 가볍지 않은 책이다.

경험이 주는 선물

지난 몇 년 동안 수많은 세미나와 강연 등을 진행하면서 느낀 것은, 참가자들이 언제나 실제로 경험한 이야기에 더 관심을 보인다는 점이다. 대학생이건, 젊은 팀장이건, 혹은 회사의 임원이건 모두 마찬가지였다. 좋은 이야기는 '아하 경험'(Aha experience, 문제 해결이나 상황 구조에 대한 갑작스러운 통찰이 생기는 순간의 총체적 경험 - 옮긴이)에 도움이 된다. 그래서 이런 경험 이야기를 적어가려고 애쓰는 세미나 참가자들을 종종 보곤 한다.

사실 이런 이야기를 쓴다는 것은 내게 과거로의 여행을 의미한다. 예전에 함께 일했던 많은 부하직원들, 동료들, 상사들의 지원과 기억 없이는 이 책이 성공적으로 탄생할 수 없었을 것이다. 다행인지도 모르지만 내 기억에서 지워진 이야기들도 있다. 솔직한 심정으로는 영웅적인 성공 스토리만 쓰고 싶지만, 실제로는 실패하고 좌절했던 경험들이 내게 훨씬 더 많은 교훈을 주었다. 경우에 따라서는 짤막한 이야기가 수십 페이지의 글보다 더 많은 것을 말해주기도 한다. 그래서 나는 때때로 이런 말을 듣는다. "당신은 일을 아주 간단하게 만드는군요!" 그렇다! 맞다! 인생을 불필요하게 어렵고 복잡하게 만드는 것이 과연 현명한 일일까? 그것은 건설 분야의 견습생으로 시작해서 수천 명의 직원을 이끄는 임원이 되기까지 36년 동안 내가 지켜온 삶의 모토였다. 당신이 삶을 좀더 명쾌하고 성공적으로 바꾸고 싶다면 이 책을 놓지 않기를 바란다.

나는 피상적인 지식 전달로 당신을 지루하게 만들고 싶지 않다. 단지 실제로 겪은 내 경험에 당신을 참여시키고 싶은 것이다. '최전선'에서 보낸 20년 동안 나는 '경영'에 대해 많은 것을 배웠고, 그 중 어떤 것들은 안타깝게도 시행착오를 통해 얻었다. 견습생이었던 내게 맨처음으로 소중한 교훈을 준 사람은 선견지명이 있는 한 장인이었다. 그 뒤부터 나는 동료들, 직원들, 인상 깊었던 상사들, 그리고 특히 하지 말아야 할 행동들을 보여준 최악의 간부들로부터 많은 것을 배웠다. 그런 인간 착취자들은 일찍부터 "나는 훗날 더 잘 할 수 있어!"라는 생각을 내 마음속에 일깨워주었다. 오늘날 나는 그들에게 무한한 감사를 표한다. 한 인간을 성장시키는 것은 바로 그런 저항이기도 하다.

아이디어의 슈퍼마켓

내가 이 책에서 당신에게 권유하는 모든 것은 내가 직접 체험한 것이고, 시험해 본 것이며, 효과가 있다고 느낀 것들이다. 그런 것들이 나를 성공으로 이끌었다. 직장에서만이 아니라 모든 인간관계에서도 내 삶을 풍요롭게 만들었다. 여러 지점, 기업 연합체, 그리고 소규모의 중소기업들에서 온 많은 세미나 참가자들도 그런 것들이 효과가 있다는 사실을 입증해 주었다. 물론 언제나 그리고 어떤 상황에서나 효과가 있다는 뜻은 아니다. 단지 내가 추천한 방법들이 대단히 많은 경우에 효과가 있었으며 덕분에 성공을 위한 좋은 기회를 제공했다는 점을 말하고 싶은 것이다. 당신도 한번 시험해 보고, 자신에게 맞는 것을 실천해 보라! 이 책은 하나의 제안이며, 아이디어의 슈퍼마켓이다. 당신의 마음이 끌리는 것을 고르면 된다. 그리고 다른 것들은 일단 옆으로 밀어놓는다. 어쩌면 나중에라도 관심이 생길지 모르니까 말이다. 당신에게 더 좋은 아이디어가 있는가? 반가운 일이다. 우리에게 알려 달라. 나는 모든 종류의 고무적인 자극을 좋아한다. 어쩌면 곧 당신의 이야기가 담긴 두 번째 책이 나올 수도 있을 것이다.

이 책을 읽는 가장 좋은 방법

당신이 원하는 방법으로 읽으면 된다. 차례대로 앞에서부터 뒤로 읽거나 혹은 항목별로 우연의 법칙에 따라 읽거나. 이 책은 양방향 모두 읽을 수 있도록 되어 있다. 혹시 당신의 흥미를 자극하는 특정한 주제가 있다면 차례에서 주제별 목록을 활용하면 된다. 거기서 당신은 원하는 주제와 관련된 이야기들을 찾을 수 있을 것이다.

이 책에 실린 이야기는 모두 실화이며, 그 어떤 것도 꾸며내거나 과장하지 않았다. 다만, 내게 많은 것을 깨닫게 해준 사람들을 보호하기 위해 때때로 몇 가지 세부사항을 빼거나 외적인 주요 사항들을 변경했을 뿐이다. 그러므로 책 속의 이야기들이 일인칭 시점으로 쓰인 것이 아닐지라도 모두 분명한 사실에 근거하고 있다. 또한 일인칭으로 쓰지 않은 데에는 아주 간단한 이유도 있다. 이 책에서 중요한 것은 내가 아니라, 어떻게 하면 경영을 좀더 쉽게, 동시에 좀더 성공적으로 할 수 있는지의 문제이기 때문이다.

어쩌면 당신은 이 책을 읽으며 때로는 혼란스러울지도 모르고, 어쩌면 조금은 화가 날지도 모른다. 그래도 괜찮다! 내 경험에 따르면, 그런 후에 진정한 흥미를 느끼게 될 것이다. '배움의 고통'이 가장 클

때 그 효과 역시 가장 크기 때문이다. 책을 읽으면서 가끔 당신은 이런 생각이 들 수도 있다. '이건 지극히 당연한 말이 아닌가!' 혹은 '이건 기본적인 상식이 아닌가!' 당신이 옳다. 그런데 기본적인 상식이라 생각되는 많은 것들이, 간단하지만 제대로 이해하기는 결코 쉽지 않다. 특히나 실행에 옮기기는 더더욱 쉽지 않다. 만약 단 하나의 이야기라도 당신의 직장생활이나 실무에 도움이 되었다면 이 책은 본래의 목적을 충족시킨 것이며 시간과 돈을 투자한 가치가 있는 것이다. 그렇지 않은가? 자, 이제 시작해 보자!

즐거운 독서가 되길 바라며.

구나르 M. 미하엘

P.S. 당신이 이 책을 통해 최상의 효과를 얻으려면 당신 스스로 제2의 작가가 되는 것이다. 펜과 수첩을 준비해 놓고 머릿속에 떠오르는 것을 그때그때 메모하라. 질문, 논평, 그리고 바라건대 다양한 '아하 경험'들, 어떤 것이든 좋다.

차례

2장 잡을 것인가, 놓을 것인가? 결정과 전략

3장 위기와 딜레마 출구 찾기

4장 기적의 방패란? 작은 꾀, 큰 효과

1장

나를 알면 백전백승

경영의 기본

내 성공의 열쇠는?

“당신의 인생에서 가장 중요한 사람은 누구입니까?” 세미나에서 이런 질문을 던지면 거의 모든 참가자들이 “내 남편, 내 아내, 내 아이들”이라고 대답한다. 이들이 한 사람의 인생에서 대단히 중요하다는 사실에 과연 누가 이의를 제기하겠는가? 그러나 당신의 인생에서 가장 중요한 사람은 바로 당신, 당신 자신이다!

당신의 삶이 어떻게 흘러갈지, 다른 사람들이 당신을 어떻게 대할지, 그리고 당신이 그들을 기쁘게 하고 그들에게 영감을 주고 그들과 함께 얼마나 성공적인 삶을 누릴 수 있을지는 그 누구도 아닌 바로 당신 손에 달려 있다. 당신을 지속적으로 발전시킬 수 있는 사람은 오직 당신뿐이다.

그러므로 자신을 아는 것은 발전과 성공을 위한 첫 번째 길이다. 이 장에서는 자기 성찰이 왜 그렇게 중요하고, 어떻게 이루어지며, 거기에서 어떤 것들을 성취할 수 있는지 알게 될 것이다.

포템킨 마을

통제의 환상

규모가 큰 한 중소기업의 사장은 자신이 회사 내의 모든 상황을 완벽하게 파악할 수 있는 방법을 찾았다고 생각한다. 바로 프로젝트 신호등이다. 모든 것이 계획대로 진행되면 신호등에는 초록색이 켜진다. 기준에서 몇 가지가 충족되지 못하면 노란색이 되고 직속상사에게 알려야 한다. 프로젝트가 완전히 계획에서 벗어나면 신호등에는 빨간색이 켜지고 비로소 사장이 직접 보고를 받는다.
사장은 자신의 아이디어에 대단히 흡족해한다. 그는 벌써 집의 테라스에 앉아 휴대전화와 노트북을 이용해 편안하게 신호등 경영을 하는 자신의 모습을 상상하고 있다. 중역들은 그 모든 것이 황당무계하다고 여기지만, 감히 아무도 사장에게 솔직하게 말하지 못한다.
실제로 프로젝트 신호등은 회사를 완전히 바꾸어 놓는다. 직원들은 고객과 프로젝트에 집중하는 것이 아니라 노란색과 빨간색 신호등이 켜지는 것을 막는 데 전념한다. 일정이 지연될 가능성이 있다면? 중간 보고서를 앞당겨 제출하면 특별 점수를 얻고 노란색을 막을 수 있다. 비용이 폭발적으로 증가한다면? 임시방편의 의도적 계산 오류가 빨간색을 막아준다. 놀랍게도 곧 회사의 신호등에는 늘 초록색이 켜지고 발명자는 성공의 확신 속에 빠져든다. 그러다가 한 중요한 '초록색' 프로젝트에서 갑자기 엄청난 손실이 발생한다. 그제야 프로젝트 신호등이 전혀 효과가 없을 뿐 아니라 매우 위험하다는 사실이 드러나고 발명자는 충격을 받는다.

■ ■ ■

대부분 인정하지는 않지만, 통제의 문제는 부하직원을 거느린 많은 상사들에게 중요한 테마이다. 상사들의 통제 욕구가 너무 강하면 역위임의 경향이 나타난다. 즉 직원들이 "부장님, 문제가 생겼어요! 어떻게 할까요?"라며 상사에게 문제 해결을 떠넘기게 되는 것이다.

나는 경영 코치 과정에서 통제 욕구가 강한 중역들에게 자기 시간의 몇 퍼센트 정도를 진정한 직원 상담(일대일)을 하는 데 투자하는지 물어보았다. 당신의 경우는 어떠한가? 평균적으로 일주일에 몇 시간을 부하직원들과 대화를 나누는 데 사용하는가? 내 고객들의 대답은 30분에서 1시간 30분 사이를 왔다 갔다 했다. 이것을 구체적으로 표현하자면, 주당 40시간의 근무시간 중에서 직접적으로 직원들을 통제하는 시간은 1.25퍼센트와 3.75퍼센트 사이라는 것이다.

그렇다면 직원은 나머지 96에서 98퍼센트의 시간에는 무엇을 하겠는가? 그는 단지 본인이 옳다고 생각하는 일을 할 것이다. 그런데 당신이 그를 너무 지나치게 조종하고 통제하면 그는 이 시간의 일부를 바로 당신의 통제 욕구를 충족시키는 데 소비하게 된다. 즉 그는 간섭

받지 않고 뒤에서 (마침내) 계속 일할 수 있기 위해 일종의 무대장치를 설치한다. 이런 상황이 기업에 도움이 되는지 아닌지는 통제를 가하는 당신의 능력보다는 직원들이 내린 선택의 질에 달려 있다. 왜냐하면 사람들은 통제를 피하는 방법을 대단히 일찍부터 배우기 때문이다.

많은 통제의 방식들이 결국 도달하는 것은 딱 한가지뿐이다. 즉 포템킨 마을을 만들게 될 뿐이다. 당신은 아마도 러시아의 귀족인 그레고리 포템킨의 전설을 들어보았을 것이다. 포템킨은 자신의 상관이자 연인인 예카테리나 여제가 그의 지역을 둘러보는 사찰을 오기 직전에 화려한 마을 모습을 꾸민 무대 세트를 길가에 세워 가짜로 아름다운 풍경을 만들었다. 사람들은 아마도 포템킨의 이런 행동을 부당하다고 평가하겠지만 오늘날에도 포템킨 마을은 여전히 존재한다. 권위적이고 경제적으로 성공하지 못한 체제에서는 누군가 중요한 인물이 온다고 예고되면 화려한 장식품들을 꺼내놓기도 하는 것이다. 당신도 그런 장식품이 필요한가?

만약 당신이 직원을 불신한다고 가정하자. 첫째로, 당신은 그를 타당하게 불신한다. 그렇다면 그는 당신의 통제에서 벗어나기 위해 속임수를 쓰는 등 가능한 모든 방법을 찾을 것이다. 당신은 직원이 올바른 사람인지 자문해 봐야 할 것이다. 두 번째로, 당신은 그를 부당하게 불신하고 있다. 그렇다면 당신의 불신은 관계를 악화시키고 해체시키며, 불필요한 에너지 소모를 유발하게 된다. 특히 심각한 불신 문화가 존재하는 기업에서는 직원들이 관료주의적 소모전에 질식할 위험이 있다. 석유 재벌인 장 폴 게티도 우리가 한 사람을 신뢰할 수 있다면 계약서는 필요 없다고 말했다. 우리가 직원을 신뢰할 수 없다면 고용 계약은 무용지물이라는 뜻이다. 그래서 경영학의 선구자인 라인하르트 K. 슈프렝어는 이미 수년 전부터 신뢰를 경제적 범주로 확립시키려는 시도를 해왔다.

물론 나는 지금 무조건 통제가 사라져야 한다고 말하는 것은 아니다. 분업적인 조직에서는 모든 참여자들이 서로 정보를 교환해야만 한다. 이러한 정보 교환도 당연히 통제의 효과가 있다. 이를 위해서 상황보고서, 정기적인 만남, 그리고 이와 유사한 도구들이 있다. 그런데 이런 도구들과 관련해서 많은 기업들이 쓸데없는 일들을 하고 있다. "우리가 경영이라고 부르는 것들의 대부분이 직원들을 그저 힘들게 할 뿐이다"라고 경영 분야의 지도자 피터 드러커는 비꼬아 말했다.

그리고 아무리 현명한 통제 시스템이라 해도 누군가 악용하기로 결정한다면 당신에게 거의 도움이 되지 않는다. 만약 당신이 모든 직원의 사무실이나 작업장에 감시 카메라를 설치할 수 있다고 해도, 감시하는 영상들을 살펴보고 평가하는 누군가가 또 필요할 것이다. 그렇다면 그 감시자는 누가 통제할 것인가? 이런 문제점은 예를 들어서 독일의 가장 큰 비즈니스 스캔들 중 하나인 플로우택스(Flow Tax) 사의 파산에서 잘 드러났다. 이 회사는 수십억의 사기를 쳤는데, 은행과 재무 관청이 지켜보는 가운데 존재하지도 않는 최첨단 드릴을 수년 동안 이리저리 옮겨가면서 사람들을 속였다.

여기서 다시 '프로젝트 신호등'에 대한 이야기로 돌아가 보자. 사실 아이디어 자체는 전혀 나쁘지 않다. 만약 심각한 문제가 발생하면 상사에게 알린다. 대단히 심각한 문제가 발생하면 경영진이 개입한다. 그러나 원래의 의도는 결국 변질되고 만다. 충분히 합리적인데도 엄격한 기준을 적용해 더 명확히 하려는 과정에서 말이다. 소위 대략적인 규칙들을 가지고 완전한 법전을 만들려는 시도와 같다. 여기에 대한 대안은, 대략적인 규칙들을 그대로 두고 이것을 업무에 잘 적용하는 것이다. 그렇게만 된다면 당신은 중역으로서 많은 기여를 할 수 있다.

- **명확성을 제시하라** 합의하에 게임 규칙을 정하고 모두가 그 규칙을 알고 따를 수 있도록 조치하라.
- **본보기의 기능** 당신이 좋은 본보기가 되고 위아래로 열린 정치를 실현하라. 비록 문제가 생기더라도 직원들에게 제때에 알려라. 당신의 행동은 직원들의 행동에 즉시 영향을 미친다.
- **건설적인 실수의 문화** 실수와 어려움이 아무런 두려움 없이 대화의 주제가 될 수 있도록 조치하라. 만약 당신이 나쁜 소식을 들고 오는 전달자의 머리를 매번 베어버린다면 더 이상 전달자는 존재하지 않게 된다.
- **반칙을 벌하라** 나쁜 소식을 처벌하지 말고, 나쁜 소식의 침묵을 처벌하라. 즉 뒤늦은 정보, 잘못된 정보, 문제의 악화, 신뢰의 악용 등 게임 규칙의 위반을 침묵할 때 제재를 가하라.

"부족한 신뢰는 어떤 어려움 때문에 생기는 것이 아니다. 어려움의 원인이 부족한 신뢰에 있는 것이다"라고 로마의 철학자 세네카는 거의 2,000년 전에 말했다. 그런데 이 규칙에도 예외가 있다는 것에 대해서는 다음 이야기에서 설명할 것이다.

의미 있는 통제라 해도 그것은 '단지' 성공의 통제일 뿐이다. 끝!

눈에는 눈, 이에는 이
신뢰의 딜레마

한 신축 주택지가 완공을 앞두고 있다. 단독주택들을 입주 가능 상태로 만들어야 하는 건축 시공사는 나머지 기반 시설(도로, 옥내 배선)들을 한 지하공사 기업에 위탁했다. 지금까지의 비용은 시공사가 지체 없이 지불하고 있었다. 그런데 갑자기 지불 체납이 발생했다. 지하공사 기업의 현장감독은 흔히 그러듯 공사 중단을 지시했다. 마지막 몇 미터의 도로들이 아스팔트 없이 방치되었고 각 주택들로 가는 배선들도 완성되지 않았다.
그러자 시공사 대표가 젊은 현장감독 사무실에 나타나 현란한 말로 인정에 호소했다. 그가 진정으로 20가구나 되는 사람들이 계획대로 새 집에서 파티를 하지 못해 크리스마스를 망치게 되기를 원하는지 물었다. 그리고 시공사 대표는 맹세까지 했다. 돈은 어떤 일이 있어도 지불하겠다고 말했다. 그 증거로 그는 다음날 은행의 도장이 찍힌 입금증을 팩스로 보내왔다. 결국 경험이 부족한 현장감독은 공사를 재개시켰는데, 그후 그는 거의 직장을 잃을 뻔했다. 돈은 영원히 들어오지 않았고, 시공사는 파산 신고를 하고 부인 이름으로 새로운 회사를 차렸다. 입금표는 그가 거래하는 은행 지점에서 직접 도장을 찍어 위조한 것이었다. 현장감독은 얼마 지나지 않아, 새 SUV 차량을 타고 히죽거리며 그의 옆을 지나가는 시공사 대표의 모습을 보았다.

■ ■ ■

물론 지금은 분명히 알고 있다. 젊은 현장감독으로서의 당시 내 행동이 지나치게 사람을 믿은 어리석은 행동이었음을 말이다. 나는 돈이 실제로 입금될 때까지 기다렸어야 했다. 온라인 뱅킹이 사용되기 전이었으므로 최장 이틀의 시간이 걸린다고 해도 말이다. 그러나 건축 시공사 대표는 새 SUV를 타고 다니며 나에게 잘난 척하는 일을 그리 오래 할 수는 없었다. 그의 사업 태도에 대한 소문이 돌아 새로운 계약 체결에 계속 실패했기 때문이다. 나 역시 그와는 두 번 다시 함께 일하지 않았다. "눈에는 눈, 이에는 이"라는 말이 있듯, 당연한 결과가 아닐 수 없다. 신뢰란 일방통행이 아니기 때문이다. 이런 문제는 흔히 '죄수의 딜레마'라는 사례에서도 잘 나타난다.

두 명의 피고인이 하나의 범죄 때문에 기소되었고 각자 따로 심문을 받는다. 여기에 다음과 같은 규칙이 적용된다. 만약 한 사람이 다른 사람을 배신하고 잘못을 전가하면 당사자는 자유를 얻고 거기에 보상까지 받지만, 다른 한 사람은 5년 동안 교도소에 있어야 한다. 만약 두 사람이 서로 상대방의 잘못이라고 말하면, 두 사람 다 3년 동안 교도소에 수감된다. 그런데 만약 두 사람 모두 침묵하면 두 명 모두 자유를 얻되, 추가적인 보상은 받지 못한다. 이런 상황에서 분명한 것은 두 사람에게 가장 이득이 되는 선택이란 서로 협력적으로 행동하고 침묵하는 방법이다. 그런데 이 방법은 두 사람 중 누구도 다른 사람의 신뢰를 악용하거나 자백을 하지 않는다는 전제가 있어야 한다. 만약 우려했던 일이 발생한다면 배신을 당한 사람은 아마도 게임의 다른 라운드에서는 더 이상 협력적으로 행동하지 않을 것이다.

이러한 딜레마는 현실에서도 빈번히 일어난다. 모든 휴전 상황과 무장해제 상황에서도 사람들은 정확히 이와 동일한 딜레마에 빠지게 된다. 죄수의 딜레마는 서로에게 예속된 상황에 처한 양측이 서로 협조적으로 행동할 때 지속적으로 이익을 얻게 된다는 점을 묘사하고 있다. 단 일회성으로 진행되는 사업 관계는 예외다. 그래서 대부분 관광객들을 상대로 하는 식당의 음식이 그 지역에서 오래된 식당보다 음식의 질이 형편없는 것이다. 이 모든 이야기들이 '신뢰'라는 주제에서 볼 때 어떤 의미가 있을까?

첫째, 신뢰는 당신의 상대가 어떻게 행동할지 확신할 수 없을 때 비로소 필요하다. 당신이 무엇인가를 알고 있다면 신뢰가 필요 없다. 즉 진정한 의미의 신뢰라고 할 수 없다. 다시 말해서 신뢰란 '위험'을 의미한다. 당신은 아마도 가끔 실망할 수도 있고, 악용된 신뢰 때문에 큰 대가를 치르기도 할 것이다. 그러나 불신으로 인해 치르게 될 대가가 몇 배는 더 클 것이다!

둘째, 당신이 처음에 어떻게 행동하는지가 이어지는 과정에 결정적인 역할을 한다. 당신이 먼저 신뢰를 보여준다면? 이를 통해 당신은 상대의 협력을 얻을 수 있을 뿐 아니라 상대에게 당신에 대한 신뢰감을 더욱 높일 수 있다.

셋째, 상대방이 당신의 신뢰를 악용한다면 당신은 결정을 내리고 제재를 가하는 반응을 보여야 한다. 상대가 사업 파트너든 직원이든 마찬가지다. 신뢰는 일방통행이 아니다!

나는 정직하지 못했던 시공사 대표와의 경험에서 배운 '네 번째' 교훈을 덧붙이고 싶다. 만약 상대가 공격적으로 신뢰에 호소하고 당신을 도덕적으로 압박하려고 시도한다면, 대부분 무엇인가 잘못되어 있는 것이다. 흔히 트릭을 쓰는 사기꾼, 결혼 빙자 사기꾼, 그리고 정직하지 않은 사업 파트너들이 그렇게 행동한다.

죄수의 딜레마와 더불어 또 다른 흥미로운 이야기가 경영 전문가 라인하르트 K. 슈프렝어의 저서 《극단적으로 경영하기》에 등장한다. 두 명의 사회심리학자들이 두 집단을 이용해 실험을 진행했다. 첫 번째 집단에게는 이 실험이 '공동체 게임'에 대한 것이라고 설명했다. 두 번째 집단에게는 이 실험이 '월 스트리트 게임'이라고 알려주었다. 두 집단은 비슷하게 구성되었고 구성원들의 개별적 성향도 사전에 파악되었다. 그럼에도 불구하고 첫 번째 그룹의 70퍼센트가 초반부터 협동적으로 게임을 했으며, 두 번째 집단의 경우에는 비슷한 비율의 사람들이 비협조적이었다.

나는 이와 비슷한 상황을 내가 진행하는 세미나에서도 확인할 수 있었다. 내가 사회를 볼 때 "지금부터 토론시합을 하겠습니다" 혹은 "지금부터 의견일치 연습을 하겠습니다"라고 소개하는 말에 따라서 실전 연습은 완전히 다르게 진행되곤 했다.

그러므로 회사에서도 직원들에게 분명히 말해주는 것이 좋다. 당신은 중역으로서 직원들에게 협력을 기대하고 있다는 것을 분명하게 표현하라. 그리고 당신 또한 그 말에 적합하도록 행동하라. 왜냐하면 당신의 말과 행동이 다를 때 직원들은 혼란에 빠지기 때문이다. 말하는 것만으로 효과가 있던 시대는 확실히 지나갔다.

레닌이 잘못 생각한 것이다. 신뢰가 더 낫다. 거의 항상.

휴가 중의 스마트폰
나는 없어도 되는 존재인가?

요즘 대부분의 중역들에게 휴가 중에도 연락이 닿아야 하는 것은 당연한 일이 되었다. 남태평양에 있든 북해의 섬에 있든 말이다. 또 최소한 하루에 한 번은 '이메일 체크'를 해야 한다. 심지어 카트만두 근처 해발 5,200미터에 위치한 에베레스트 산의 베이스캠프에서도 2010년부터 이메일과 스마트폰 사용이 가능해졌다. 연락이 닿지 않는 곳에 있는 위험을 감수하려는 사람은 점점 더 줄어들고 있다. 그런 면에서 부장이 10일 동안이나 요트 여행을 감행한 것은 진정한 모험이었다. 그의 휴대전화는 집에 있다. 비상사태를 대비해 위성전화로 연락이 닿을 수 있게 조치는 취해놓았다.

그런데 10일 동안 너무도 조용하다. 도움을 요청하는 전화가 한 통도 없었다. 혹시 위성전화에 문제가 생긴 건 아닐까? 부장이 휴가에서 돌아와 근무에 복귀한 첫날, 일을 대신 맡아주었던 위임자가 기분 좋게 인사를 건넨다. "모든 일이 잘 진행되었어요. 특별한 돌발 상황도 없었습니다." 부장은 가벼운 마음으로 자신의 책상에 앉는다. 그러나 그의 안도감과 만족감 속에는 약간의 실망감이 뒤섞이면서 이런 의문이 슬며시 고개를 든다. "혹시 내가 없어도 되는 존재는 아닐까?"

■ ■ ■

이런 나의 의문에 대해 유익한 교훈을 주었던 사람은 내 평생 최고의 상사였던 필리페였다. 그는 프랑스인이었고 콘체른(생산, 유통, 금융 따위의 다양한 업종의 기업들이 법적으로 독립되어 있으면서 특정 은행이나 기업을 중심으로 긴밀하게 관련되어 있는 기업 결합 형태 - 옮긴이)에서 뛰어난 능력을 발휘하고 있는 사람이었다. 그는 어느 날 자신의 사무실로 나를 불러서 이렇게 말했다. "내 의자에 한번 앉아보게!"(여기서 매력적인 프랑스식 억양과 아주 커다란 의자를 한번 상상해 보라) 처음에는 약간 떨렸지만 어느 순간 나는 4제곱미터의 책상 뒤에 있는 푹신한 가죽 의자에 앉아 있었다. "자." 필리페가 말했다. "자네는 사장이 되고 싶을 걸세, 아닌가?"

나는 머뭇거리며 "네"라고 대답했다. "좋아! 지금부터 자네는 2주 동안 내가 하던 일을 하는 걸세!" 큰 충격이 나의 마디마디로 전해졌고, 나는 내가 사장실에 더 머물러야 하는 이유를 받아들이려고 하지 않았다. 그러나 필리페는 완강했고, 그의 제안이 주는 메시지의 효과는 매우 컸다. 이때 나에게 주어진 것은 "한번 해보게. 그러나 혹시 심각한 일이 생기면 내게 전화하게!"라는 식이 아니라 진정한 의미의 책임 위임이었다. 그 이전에도 사람들은 가끔 내게 "이 콘체른의 기대주"라는 말을 하곤 했다. 나는 그 말을 믿었고, 무엇보다도 이 순간 그 말이 사실임을 깨달았다. 이와 더불어 다른 동료들과 내부의 모든 경쟁자들에게도 그런 사실이 가시화된 셈이었다.

오늘날 나는 휴대전화 없이 요트 휴가를 갔던 때보다는 훨씬 더 현명해졌다. 당시 나는 생각보다 내가 그렇게 꼭 필요한 존재가 아니라는 사실 때문에 혼란스러웠다. 사실 나는 그때 기뻐해야 했다. 나의 위임자는 일을 잘 처리했고, 현명하게 결정을 내렸으며, 모든 문제를 원만히 해결했다. 근무에 복귀한 두 번째 날 저녁때까지도 나는 어디서도 위태위태한 시한폭탄을 발견할 수 없었다. 그 이후로 나는 스스로를 (최소한 가끔씩은) 꼭 필요한 존재가 되지 않도록 노력했다. 이런 노력 덕분에 회사에서 전략적인 숙고를 할 수 있는 자유로운 시간이 생겼고, 이런 시간은 출세의 다음 단계를 위한 최고의 전제조건이 되었다.

없으면 안 되는 존재가 된 사람은 발전할 수 없다. 실제로 나는 몇 번의 성공적인 휴가를 다녀온 후에 용기를 내서 당시의 사장에게 편지를 썼고 마지막에 이런 말을 덧붙였다. "나는 지루합니다!" 이 말을 통해 내가 전하려는 메시지는 분명했다. "나는 해낼 수 있는 사람입니다. 제발 나에게 새로운 도전거리를 주십시오!" 일 년 반 동안의 지켜지지 않는 약속과 소용없는 기다림 후에 나는 사직서를 냈다. 그러자 갑자기 나에 대한 평가가 시작되고 흥미로운 도전적 과제들이 맡겨졌다. 그러나 유감스럽게도 너무 늦었다. 나는 이미 '기다림의 시간' 동안 심적으로 오래전에 그 회사와 이별을 했고 다른 기업의 중역으로 스카우트된 상태였다.

나는 많은 세미나 참가자들이 그들 회사에서 꼭 필요한 존재들임을 발견하고 놀라곤 한다. 그들은 흔히 6주나 9주 후까지도 미리 세미나를 예약해 놓지만, 며칠 안 남은 시점에 다시 연기한다. 그것도 가능하면 몇 배의 기간을 더 멀리 연기하고 싶어 한다. 위임자를 찾지 못해서다. 중국에서 오는 대표단, 본사에서의 회의, 매우 중요한 이노베이션, 워크숍……. 세미나를 위해서나 다른 중요한 일정을 위해 위임자를 찾지 못한다는 것이 참 이상한 일이다. 그러면서 내가 이미 지불된 세미나 참가비용의 유효기한 경과를 언급하면 또 어떻게든 시간을 내서 온다. 결론을 말하자면, 단지 임무만을 위임하지 말고 진정한 의미의 책임을 위임하라. 그렇지 않으면 당신은 그저 노동용 노예를 얻게 될 뿐이다.

> 인간은 자신에게 기회가 주어질 때 스스로를 뛰어넘는 성장을 하게 된다.
>
> 프랑크 아펠, 도이치포스트 DHL 최고경영자

자, 그럼 다시 '스마트폰'에 대한 이야기로 돌아가 보자. 최근에 나는 여러 가지 중독에 대해 설명하는 한 인터넷 포털 사이트에서 '스마트폰 중독'을 알코올, 경마, 본드 흡입처럼 표현하는 기사를 읽은 적이 있다. 스마트폰 소지자 두 명 중 한 명은 아침에 눈을 뜨자마자 제일 처음으로 하는 일이 자신의 스마트폰 화면을 들여다보고, 세 명 중 한 명은 밤에 잘 때 그야말로 다정하게 "잘 자"라고 스마트폰에게 인사를 한다. 그리고 이런 스마트폰 중독자들은 일주일에 한 번 정도는 '진동 환청'에 시달린다고 한다. 《한델스블라트》라는 잡지는 특히 경영자들을 "현대 커뮤니케이션 기술의 노예"라고 표현하기도 했다. 그렇게까지 되지는 말자. 그리고 왜 당신의 손이 자꾸 스마트폰으로 가는지 그 이유를 알아보자. 그것을 위해 여기 간단한(아주 진지한 의미는 아닌) 테스트가 준비되어 있다.

가슴에 손을 얹고, 당신이 진정으로 휴가 중에 스마트폰을 손에서 놓지 못하는 이유는 무엇입니까?

- 혹시 어떤 직원이 내 의자를 몰래 잘라놓지는 않는지 알아보기 위해
- 약간의 수다를 떨기 위해. 나는 바닷가를 좋아하는 편이 아닌데, 내 가족은 무조건 바다에 오기를 원했기 때문에
- 그 사이에 아무도 내 사무실 지하에 있는 시체(?)를 꺼내지 못하도록 지키기 위해
- 단 30분이라도 아이들에게서 벗어나기 위해
- 남편 혹은 아내에게 회사에서 나의 존재가 얼마나 중요한지 보여주기 위해. "휴가 중에는 긴장을 좀 푸세요!"라는 말을 이해할 수 없다. 007은 휴가 중에도 늘 임무를 수행하지 않았던가!
- 회사에서 사람들이 나를 잊지 않도록 만들기 위해. "눈에서 멀어지면 마음에서도 멀어진다"는 말도 있지 않은가?
- 바닷가의 옆자리에 있는 스마트한 타입의 남자 혹은 여자에게 깊은 인상을 주기 위해
- 오로지 이 놀라운 세미나를 예약하기 위해. "세미나에서 봐요!"
- 어이없는 질문이다! 당연히 나 없이는 회사가 엉망이 되기 때문에

평가하기

- **해당사항이 없다** 축하한다! 당신은 모든 것을 잘 통제하고 있고 가파른 출세의 길을 달리고 있다. 당신의 휴가를 즐겨라.
- **1개에서 3개에 해당** 개선이 필요하다. 당신이 이 책을 산 것은 아주 잘한 일이다.
- **4개에서 7개에 해당** 무조건 이 책을 계속해서 읽어라. 경영이란 진정 무엇인지 알게 될 것이다.
- **8개에서 9개에 해당** 당신의 정직함에 찬사를 보낸다. 그런 점에서 우리는 당신과 함께 계속 노력해 나갈 수 있다.

“당신이 책임자잖아요!”
경영이란 무엇인가?

스물일곱의 새로 온 지점장은 분명 뛰어난 인재다. 300명의 직원이 그의 지시에 귀를 기울이고 있다. 아버지뻘 되는 사람들이 그에게 조언을 구한다. 프로젝트 X의 경우 한 납품업체가 문제를 일으키고 있고, 프로젝트 Y의 경우에는 고객과 문제가 생겼다. 이런 상황들이 경력과 발전에 도움이 되기는 하겠지만 당장 할 일이 많아진다. 새로 온 지점장에게 자발적으로 조언을 구하지 않는 직원도 있지만, 그럼에도 이들은 그의 조언을 듣게 된다. 예를 들면 지점장은 새로 만든 광고책자를 어딘지 좀 다르게 상상했다고 한다. 그가 직접 광고대행사 대표와 통화를 해서 책임자 대 책임자로 이야기를 해보는 것이 좋겠다고 말한다.

이처럼 회사 중역으로서의 삶은 대단히 고단하다. 지점장으로서의 하루하루는 점점 더 길어진다. 그는 또한 회사 중역인 한 아빠가 밤 아홉시 전에 집에 들어가자 “엄마, 엄마, 부엌에 어떤 낯선 사람이 있어요!”라고 아이가 놀라서 소리치더라는 농담을 지난 몇 개월 동안 세 번이나 들었다. 그리고 제일 친한 친구는 맥주를 마시면서 도대체 자기가 무엇을 위해 중역이 되었는지 모르겠다고 하소연한다.

밤낮으로 일하기 위해서인가? 아니면 안락한 삶을 위해서인가?

■ ■ ■

독일 경제연구소의 보고에 따르면 중역(남성)들의 단 16퍼센트만이 주당 41시간 이하로 일하고, 대다수(42퍼센트)는 41에서 49시간까지 일하며, 4분의 1이 넘는 사람들(27퍼센트)이 50에서 59시간까지 근무하고, 10명당 1명은 자랑스럽게도 60시간 이상의 근무를 하고 있다. 아마도 저녁에 부엌에서 아이들을 놀라게 하는 사람들이 여기에 해당될 것이다. 이 연구 보고서의 저자들은 다음과 같은 설명을 덧붙이고 있다. "기업 중역들은 회사를 위해 평균 이상으로 적극적이며 연장 근무를 감수할 준비도 되어 있다." 지점장은 저녁이 되어서야 사무실 스위치를 내리고, 그 대가로 만족할 만한 보상을 받는다. 그것으로 충분하다. 그런데 경쟁자가 생긴다. 즉 누가 사무실에 가장 오래 남아 있는가?

그러나 '경영'이란 진정으로 무엇을 의미하는 걸까? 만약 당신이 교수이자 컨설턴트인 프레드문트 말리크의 말대로 "경영이란 무엇보다도 결과를 이끌어내는 것"이라고 생각한다면 다음과 같은 의문들이 제기될 수 있다.

- 중역은 모든 것을 직원들보다 더 잘 할 수 있어야 하는가?
- 언제 어디든 출동해야 하는 소방관 역할이 중역의 임무인가?

- 항상 "차라리 내가 직접 하는 것이 낫겠어"라는 결론에 도달하는 것이 중역의 자질에 부합하는 것일까?
- 그 분야에 정통한 실무자라면 더 훌륭하게, 더 경제적으로 처리할 수 있는 과제를 중역 혼자 해내려 애쓰는 것이 기업 성공에 도움이 되는가?

만약 당신이 위의 질문을 읽으면서 순간적으로 반복해서 머리를 흔들었다면 최종 질문이 남아 있다. '경영'이란 구체적으로 무엇을 의미하는가? 나의 경험에 따르면 많은 중역들이 여기에 대해 별다른 생각을 하지 않는다. 혹은 야심에 찬 신참 중역들이 공무용 차량, 비서, 연봉 인상 등에 대해서만 생각하는 정도이다. 그러나 중역이 되면 회사 내에서 무엇이 달라지는 것일까? 자기 경영에서 타인의 경영으로, 일상적 업무에서 기능적인 과제로, 거기서 다시 전략적인 문제에 대한 책임 담당으로, 일상적 업무에서 분석적인 조망으로, 이어서 사업 총괄 관리에서 그룹 관리와 기업 관리로 변화가 일어난다고 저명한 《리더십 파이프라인》의 개발모형은 설명하고 있다. 즉 팀장부터 콘체른 대표에 이르기까지의 성공 과정을 임무별로 간단히 표현한 것이다.

여기서 알 수 있는 것은 경영이란 출세의 각 단계에 따라 그 임무가 달라진다는 점이다. 그리고 모든 단계의 공통적인 특징은 자신이 한 일을 다른 사람들이 책임져 주는 과제들과는 작별이라는 점이다. 언젠가 동료 한 명이 히죽거리며 나에게 한 콘체른 대표에 대해 말하기를, 그가 가끔 생산부를 방문하는데 그때마다 두렵다고 한다. 전문지식이 많고 공대 졸업자인 그 상사는 거의 매번 즉흥적으로 '개선책'을 언급했고, 아무도 감히 이의를 제기하지 못해 결국 시간과 돈이 낭비되기 때문이다.

함께 히죽거리며 웃기 전에, 과연 당신 자신은 일상 속에서 그런 강제 행복을 요구한 적이 없다고 확신하는가? 그리고 만약 당신이, 마치 서커스단의 접시돌리기 선수가 여러 개의 흔들리는 접시를 동시에 돌리듯, 모든 프로젝트에 대해 온갖 간섭을 다 하며 돌아다니고, 직원들이 모두 퇴근한 후에야 비로소 자신의 과제를 한다면 무엇이 잘못되고 있는 것일까? 당신은 어쩌다가 이런 역할 속에 빠져들게 된 것일까?

적지 않은 중역들이 영웅적으로 직원들의 문제를 다 해결해 주고 자신에게 마음껏 일을 떠넘기도록 넓은 마음을 가진 실력자이고 싶어 한다. 그리고 영악한 직원들은 이런 점을 노련하게 이용한다. 또 다른 직원들은 회사 정문에 들어서자마자 자기 책임과 줏대를 아예 던져버린다. 왜냐하면 그렇게 하는 것이 그들이 알고 있는 유일한 방법이며, 회사에서 함께 생각하고 고민하는 일은 필요하지 않다는 것을 그 동안의 직장생활에서 배웠기 때문이다.

그들은 실제로 너무 힘에 부칠 때는 상사가 자신들을 돕기 위해 달려와 주기를 기대한다. "당신이 여기 책임자잖아요!"라는 말을 나는 자주 들었다. 이런 경향은 중역들이 일상적 업무의 세세한 부분들을 잘 파악하지 못하고 그에 상응하는 전문지식을 더 이상 갖추고 있지 못할 때 한계점에 도달한다. 즉 최고 경영 단계에서 그 한계가 드러난다는 뜻이다. 만약 당신이 높은 보수를 받는 실무자 그 이상이 되고 싶다면 이제 많은 것들을 손에서 내려놓아라! 지금 바로! 그런 다음에야 당신은 진정한 경영 업무를 위한 자유로운 머리를 가질 수 있으며, 말할 필요도 없이 최고 경영자로서의 삶에 더 가까이 다가갈 수 있다.

당신은 높은 보수를 받는 실무자 이상의 존재가 되고 싶은가? 그렇다면 손에서 내려놓아라!

“저는 쉬겠습니다!”

넘쳐나는 원숭이들

건축 현장에서 일반 노동 인부들의 직속상사는 작업반장이다. 그리고 작업반장은 현장감독 밑에 있는 사람이다. 대규모 건축 현장에서 현장감독이 잠시 현장을 방문하던 중 인부들에게 직접 몇 가지 작업 과정을 변경하라는 지시를 내린다. 얼마 뒤에 현장감독이 작업반장을 찾았지만 보이지 않는다. 마침내 작업반장과 휴대전화로 통화를 하게 된다. “에르빈, 도대체 자네 어디에 있는가?” “저는 지금 자동차에 앉아 있는데요, 집에 가는 길입니다.” 현장감독은 깜짝 놀란다. “뭐라고? 벌써?” 이제 겨우 세시. “아, 그게 말입니다, 햇빛도 좋고 해서, 집에 가서 베란다에 누워 쉬려고요. 제 일이야 감독님께서 다 해주고 계시잖아요!”

■ ■ ■

“누군가를 어떤 임무를 위해 선발해 놓고 그의 경험이나 능력을 무시한다면 무슨 의미가 있겠는가?”라고 성공한 기업인 리차드 브랜슨은 자신의 저서에 쓰고 있다. 사실 이 글이 모든 것을 말해준다. 나는 출세의 초기 단계에서 이 사실을 경험 많고 용감한 한 작업반장으로부터 배웠다. 고맙네, 에르빈!

그럼에도 불구하고 몇 가지 할 말이 있다. 당신이 아래 직급의 간부직원들을 제치고 독단적으로 행동하는 것은 그들의 권위를 땅에 떨어뜨리는 것이고 그들을 책임으로부터 벗어나게 하는 것이다. 호의를 베풀려다 오히려 피해를 주게 되고, 간부직원들을 화나게 하며, 그 밑의 부하직원들을 혼란스럽게 만든다. 그런 후 부하직원들이 당신 사무실에 들어와서 직접 당신에게 업무보고를 한다고 해도 놀라지 말라. 또한 뭔가 일이 잘못되었을 때 사람들이 당신 탓이라고 말해도 불평하지 말라. 왜냐하면 당신이, 아마도 일에 대해 훨씬 더 잘 알고 있을 현장 직원들을 무시했기 때문이다.

역위임(reverse delegation)을 허용하면 곧 당신의 사무실은 원래 부하직원들이 책임져야 할 '원숭이들'(다른 말로 '문제들')로 넘쳐나게 될 것이다. 1974년에 이미 두 명의 미국 저자들이 만들어낸 이 원숭이 이미지는 그 동안 많은 유명세를 얻었다. 역위임에 대해서는 또 다른 이야기들이 소개되기 때문에 여기서는 단지 몇 가지 힌트만을 알려주고자 한다. 만약 당신이 아래 직급의 간부직원들을 무시한다면 당신 사무실에 원숭이들을 불러들이는 것뿐만이 아니라, 소위 바나나를 가지고 이리저리 흔드는 것이기도 하다. 그런데도 많은 상사들이 왜 그런 행동을 계속하는 것일까? 짧은 순간 동안이라도 자신의 작은 제국을 제한 없이 지배할 수 있는 태양왕이 되고 싶어서일까? 혹은 그저 배려의 부재 때문일까? 아니면 그 사이 위계질서가 낡은 이미지가 되었기 때문일까? 아이가 있는 사람이라면 알고 있을 것이다. 놀이터의 모래밭에도 위계질서가 존재한다는 사실을 말이다. 이는 교육 시설, 여가 모임, 혹은 기업, 모든 그룹에 해당된다. 업무와 관련된 공식적인 위계질서가 어긋나면 비공식적인 서열이 지배하게 된다. 그러므로 윗자리와 아랫자리를 분명히 정하고 그것을 존중하는 것은 기본 중 기본이다.

나의 경우에는 이야기 속의 작업반장이 매우 효과적인 가르침을 주었다. 나는 직원들 앞에서 나의 경영 실수를 인정했고 파도는 잔잔해졌다. 그 작업반장은 수년 동안 나에게 큰 도움이 되었고, 훗날 기업에서는 젊은 기술자들에게 좋은 귀감이 되었다.

위계질서를 지켜라. 자신의 이익을 위해서!

최고의 가르침이란?

직원들의 기회

중역으로서의 임무를 아주 심하게 망치지 않은 사람이라면 퇴사 후 몇 년이 지나도 때때로 이런저런 행사에 초대를 받는다. 그런 연유로 예전의 지점장은 늦은 시간에 화려한 결혼식 피로연에 앉아 있다. 분위기는 좋다. 한 직원이 갑자기 심각해지기 전까지는 말이다.

"그런데 말이죠, 지점장님으로 부임하시던 첫날을 기억하십니까?"

갑자기 주위가 조용해지고, 모두가 과거의 상사에게 시선을 고정한다. 아마도 이제 앙갚음을 당하나 보다.

"저는 그때 두꺼운 파일을 들고 지점장님 사무실에 들어갔습니다. 엘베 강 터널에 문제가 있었고, 저는 거기에 대해 상세히 설명했죠. 지점장님은 제 이야기를 다 들으시고는 그저 이렇게만 말씀하셨습니다. '그래서요? 어떻게 할 계획인가요?' 저는 해결 방안에 대해 완전히 침묵한 채 제대로 대답을 하지 못했습니다. 그러자 지점장님께서는 이렇게 대답하셨죠. '자, 그럼 최소한 한 가지 해결 방안이라도 찾았을 때 다시 오세요!' 그때 저는 '뭐 이런 오만한 사람이 있나' 하고 생각했습니다."

주위 사람들은 쥐 죽은 듯 조용하다. 그런 다음 아주 길게 느껴졌던 순간이 흐르고 그가 다음 말을 잇는다. "그러나 시간이 흐르면서 그 일이 제게는 최고의 경험이 되었습니다. 저는 정말로 철저히 일했고, 규정과 건축 법규들을 열심히 공부했습니다. 그런 과정이 없었다면 저는 오늘날 결코 지점장이 되지 못했을 것입니다. 지금 저도 예전의 지점장님과 똑같이 그렇게 일하고 있습니다!"

■ ■ ■

혹시 당신도 부하직원들을 '발전'시켜야 한다고 생각하는 상사에 속하는가? 마치 잘 자라도록 토마토에 거름을 주고 오이에 물을 주는 주말농장 주인처럼? 그러나 사람은 토마토나 오이가 아니다. 물론 당신은 직원을 가르치고 다양한 수업을 받도록 조치할 수 있다. 그러나 어떤 사람이든 스스로 원하지 않으면(혹은 아주 드물게 스스로 할 수 없으면) 그 모든 것은 아무 소용이 없다. 당신이 상사로서 할 수 있는 것은 단지 이런 것들이다.

- 발전의 기회 제공하기
- 능력을 키워주기
- 무엇인가를 맡기고 격려해 주기
- 지속적으로 권한을 위임하고 책임을 넘겨주기

여기서 내가 말하는 권한의 위임이란 직원에게 단지 임무만 넘기는 것이 아니라 그것의 성공적인 해결을 위한 책임까지 넘겨주는 것을 뜻한다. 그렇게 해야만 직원들이 진정으로 최선을 다하고 싶은 마음이 들게 된다. 여기에 대해 인사과 직원들이 격렬하게 항의하기 전에 언급하고 싶은 말이 있다. 물론 직원들의 자기계발을 위한 세미나가 무의미하다는 뜻은 아니다. 단지 무엇인가 배우고자 하는 동기가 직원들로부터 나오는 것이 아니거나, 직원이 세미나를 인센티브(일에서의 해방, 아름다운 경치, 멋진 프로그램!)로 악용하거나, 회사가 압박 수단으로 이용한다면 그 효력이 의심스러워진다는 뜻이다.

이 모든 것이 경영의 기본 상식이고, 내가 여기에 쓸 필요도 없을 만큼 명백한 이야기다. 그런데도 그렇게 명백한 일들이 실제로는 너무 자주 무시된다는 것을 나는 경험으로 잘 알고 있다. 중역들이 직원들 스스로 해결책을 찾도록 기회 주기를 주저하는 이유는 무엇일까? 직원들이 상사를 아무것도 모르는 사람으로 여길지도 모른다는 걱정이 숨어 있는 것은 아닐까? 직원들 중에 자의식이 강한 사람들은 노골적으로 그렇게 이야기한다. 그렇다면 당신은 어떻게 해야 할까? "중요한 것은 '자네'가 그 해결책을 찾는 것이네"라고 말하는 것이 우아한 대답이 될 것이다. 혹은 "나는 스스로 해결책을 찾아내는 성숙한 직원과 일하고 싶다네"라는 대답도 가능할 것이다. 만약 대화가 더 날카로워진다면 이렇게 덧붙여 말해보라. "그것은 내가 앞으로 어떤 사람과 함께 일을 하고 싶은지, 할 수 있는지, 할 것인지를 결정하는 대단히 중요한 힌트가 된다네."

또 다른 걱정은 직원이 다시 돌아와 이렇게 말하는 경우일 것이다.

"지점장님, 저는 해결책을 찾아보려고 했지만 도저히 찾을 수가 없었습니다!" 그러면 당신은? 아마도 간단히 이렇게 물어볼 수 있을 것이다. "그렇다면 도대체 누가 그 해결책을 알 수 있겠나?" 혹은 "누가 자네에게 도움을 줄 수 있겠나?" 일반적으로 직원은 이미 누군가를 머릿속에 떠올렸을 것이다. 예를 들면 경험이 많은 동료를 말이다. 만약 당신이 이 문제에 대답을 할 수 있는 유일한 사람이라면 당신의 회사에는 전혀 다른 근본적인 문제가 있는 것이다!

이런 방식을 통해 당신은 부차적으로 협동심을 높일 수 있고, 독단성에 대해 분명한 경종을 울리는 효과도 낼 수 있다. 심지어 당신은 지금까지 예감하지 못했던 직원들의 잠재력을 발견하게 될 수도 있다. 나의 경우에는 회사에서 자주 '슈나이더 씨'와 같은 사람들이 눈에 띈다. 나는 슈나이더 씨를 공식적으로 나의 '최고 핵심 대리인'으로 임명했다. 그렇게 함으로써 일석이조의 효과를 얻을 수 있었다. 그는 퇴직을 앞둔 나이 많은 직원이었는데 건강에 문제가 있었다. 그렇게 해서 슈나이더 씨는 체면 손상 없이 업무의 최전선에서 떠날 수 있었고, 동시에 자신의 풍부한 경험을 지속적으로 전달해 줄 수 있었다. 그리고 나는 다른 일들을 할 수 있는 시간을 얻었다!

당신이 직원들에게 발전 가능성을 제공하고 있는가를 알 수 있는 가장 좋은 척도는, 얼마나 많은 '당신의' 직원들이 세월이 흐르면서 동료 임원이 되고, 당신을 넘어서고, 더 많은 책임을 맡기 위해 다른 곳으로 떠나는가이다. 만약 그런 일이 드물게 일어난다면 당신은 직원들을 중요하게 여기지 않는 상사일 것이다. 아니면 위협적인 존재가 되지 못하도록 처음부터 승진의 가능성이 없는 직원들만 채용했거나. 그런 행동은 인간적으로는 이해되지만, 지극히 단편적인 생각에 지나지 않는다. 훌륭한 직원들은 회사에서 발전 가능성을 보지 못할 때 떠나가게 마련이다. 발전 가능성을 제시하지 못하는 상사 밑에서 오래 일할 직원은 없기 때문이다. 만약 당신이 직원들에게 발전 가능성을 제공한다면 당신은 곧 소중한 인맥을 얻게 될 것이다. 왜냐하면 대부분의 사람이 당신을 잊지 못할 것이기 때문이다.

다음은, 400년이 지났지만 여전히 마음에 와닿는 구절이다.

> 우리는 한 인간에게 아무것도 가르칠 수 없다. 우리는 단지 그가 자기 안에서 스스로를 발견하도록 도울 수 있을 뿐이다. 갈릴레오 갈릴레이

임원 할인은 이제 그만!
승리는 직원들의 몫

한 건설 기업이 복합적인 사업 제안을 받으면, 전문가팀이 이 사업의 정확한 계획 수립과 비용 계산을 하는 데 몇 주가 소요된다. 그 다음에 전문가팀은 임원에게 예산이 포함된 사업 초안을 당당하게 제출한다. 그런데 이때 대부분의 경우 다음과 같은 일이 벌어진다. 임원은 서류를 대체로 자세히, 그리고 끝까지 훑어본다. 그런 다음 총액수를 바라보며 팀에게 선언한다. "1.5퍼센트를 다시 한 번 줄여보세요. 우리가 계약을 정말로 성사시킬 수 있도록 말입니다." 그리하여 예산 제안서는 임원의 뜻에 따라 보완되고 직원들은 다시 한 번 임원에게 가서 결재를 받는다. 최종적으로 임원이 서명을 한다. 여기서 문제는, 이런 진행 방식이 왜 하나의 재앙이 되는가 하는 것이다. 그것도 바로 이런 예산 감축을 통해 계약이 체결되었을 때 말이다.

■ ■ ■

나는 당신이 여기서 바로 다음으로 넘어가지 말고, 잠깐 동안이라도 생각을 해보길 바란다.

소위 '임원 할인'은 대단히 해로운 관례이다. 뿐만 아니라 직원들의 의욕마저 상실하게 만든다. 임원 할인이 알리는 메시지는 이런 것이다. "자네들이 원하는 대로 마음껏 예산을 잡아보게. 어차피 내가 아주 짧은 시간 동안에도 상황을 더 잘 전망하고 수정할 수 있으니까(이때 임원의 모토 : 자네들을 상대하는 데 단지 나의 머리 반만 사용하면 충분하지). 그래서 자네들이 아니라 바로 내가 임원인 거지!" 그러면서 계약이 성사되면 임원은 몇 주간에 걸친 팀 작업의 결과인 승리를 빼앗아간다. 흔히 특별수당이 임원의 수중으로 들어간다는 추측이 직원들 사이에 퍼진다.

나는 이런 문제에 당착했을 때 상당히 빠르게 결론을 내리고 대신에 팀에게 직접 물어보았다. "우리가 이 제안으로 계약을 확실하게 체결할 수 있겠습니까?" 팀이 대답을 머뭇거리거나 고개를 흔들면, 나는 다시 한 번 계산해 달라고 부탁한다. 팀이 가능한 최고의 제안서를 만들었다고 생각될 때 비로소 결제를 했는데, 이때 나만 서명을 한 것이 아니었다. 먼저 일을 담당했던 팀장이 서명을 하고, 그 다음 직급의 임원이 서명을 했다. 우리가 계약을 성사시키면, 그것은 곧 "내가 우리 팀을 위해 주문을 따냈어"가 아니라 "팀 X가 우리에게 계약 Y를 체결하게 해주었어"라는 의미가 된다. 이런 사실은 공식적으로 발표되고, 팀은 제대로 축하 파티를 연다. 승리는 직원들의 것이다. 여기에 기분 좋은 부차적 효과가 따른다. 즉 임원 할인 가격의 타당성을 직원들에게 증명해야 한다는 지속적인 압박감이 바로 사라진다.

진정한 자기 책임과 진정한 성공 체험은 회사의 모든 경고, 성과급,

그리고 일요일의 특별회의보다도 훨씬 더 많은 동기를 부여해 준다. 전략적인 업무의 성공은 당연히 그것을 만들어낸 사람들에게 돌아가야 한다. 전문가팀에게 성공의 결과를 직접 발표하게 하거나, 기여를 많이 한 직원들을 포상한다면 누가 이의를 제기하겠는가?

> 당신은 더 완벽하게 스스로 책임지는 중역이 되고 싶은가? 아주 간단하다. 당신의 책임 중에서 일부를 덜어주어라!

"모든 책임은 내가 진다!"

패배는 임원의 몫

"To pass the buck to somebody"라는 말은 "누군가에게 책임을 떠넘기다"라는 뜻이다. 미국의 33대 대통령 해리 S. 트루먼은 자신의 책상 위에 "The BUCK STOPS here!"라고 쓰인 팻말을 가져다놓았다. 그 뜻은 "모든 책임은 내가 진다!" 혹은 "여기서는 그 누구에게도 책임을 전가할 수 없다!" 정도로 해석할 수 있다. 이 일화가 사실이라는 것을 뒤의 사진에서 볼 수 있다. 트루먼은 1945년부터 1953년까지 재임했다. 그의 재임 기간 동안 냉전시대의 초기와 한국전쟁 때 각각 히로시마와 나가사키에 원자폭탄이 투하되었다. 오늘날 평화시대를 위한 중부 유럽 지도층의 결정 덕분에 잠을 덜 뺏기기는 하지만, 그들에게도 이 원칙은 여전히 유효하다. 또한 당신에게도! 책임의 문제에 대한 일상적인 한 사례를 들어보자.

한 현장감독이 회사 비용으로 개인 소유의 집을 수리했다. 회사 장비들을 사용했고, 자재를 빼돌렸다. 자재 배달 직원이 현장감독의 사택 위치를 찾을 수 없어 구매 담당 직원에게 주소를 문의하는 과정에서 이런 사실이 발각되었다. 구매 담당 직원은 임원에게 이 사실을 보고했다. 임원은 크게 화를 냈고 지점장에게, 즉 부정한 일을 저지른 현장감독의 직속상사에게 전화를 걸었다. "이 사실을 어떻게 생각합니까?" 지점장은 순간적으로 직원을 변호하며 이렇게 주장했다. "그것은 저와 합의가 된 사항입니다!" 임원이 질문했다. "그것이 어떤 뜻인지 분명히 알고 있죠? 나는 하룻밤 더 생각해 볼 것을 제안하겠습니다. 내일 아침에 다시 봅시다."

다음날 아침 임원은 지점장에게 다시 한 번 물어보았다. 지점장은 진정으로 이 일에 자신의 직장까지 걸어야 하는지 깊이 생각했고, 결국 진실을 이야기했다. "사실 합의된 적이 없습니다." 능력 있고 기업 내에서 사랑받는 기대주였던 현장감독은 무기한 해고되었고 흐느끼며 회사에서 퇴장 당했다. 그러자 모두가 임원에 대해 불만을 드러냈다. "어떻게 사람이 그렇게 냉정할 수가 있어? 겨우 몇 개 안 되는 목재들과 '빌린' 굴착기 때문에 말이야!"

■ ■ ■

어떤 책임이 당신에게 떠넘겨졌을 때 당신은 조치를 취해야 한다. 물론 그 전에 당신은 그 일이 진정으로 당신의 문제인지를 생각해야 한다. 왜냐하면 모든 문제는 그것이 발생한 곳에서 해결할 수 있기 때문이다. 만약 문제가 — 위의 사례에서처럼 — 임원이 결정할 사안이라면 더 이상 누군가에게 미뤄서는 안 된다. 더불어 자신의 결정에 대해 끝까지 일관적이어야 한다. 만약 임원이 이 일을 얼버무려 넘긴다면 회사 내에서 소위 '장비 대여'와 '자재 기부'가 지속적으로 일어나도록 문을 활짝 열어놓는 것일 뿐 아니라, 직원의 비리를 알고 있는 상사로서 스스로에게 이를 악용할 수 있는 여지를 주는 일이기도 하다. 사실 여기서 중요한 것은 손해 액수가 아니다.

내 생각에 젊은 중역으로서 배워야 할 가장 중요한 교훈들 중 하나는, 때때로 사람들에게 욕을 먹는 일을 완전히 피할 수는 없다는 사실이다. 그런 것을 참지 못하는 사람은 경영을 잘 할 수 없다. 이와 함께 똑같이 중요한 것이 윗선에서 내려오는 압박을 중간에서 완화시키는 고충을 감내하는 것이다. 앞에 소개한 사례에서 문제의 현장감독에게 최종적으로 해고를 통보한 사람은 임원이었던 내가 아니라 그의 직속 상사인 지점장이었다. 그리고 나는 임원으로서 아마도 주주들에게 왜 유능하고 중요한 직원이 회사를 떠나야 했는지 해명해야 할 것이다. 왜냐하면 "모든 책임은 내가 진다!"라는 모토가 여기에도 해당되기 때문이다. 직원들이 차분하게 일할 수 있도록 당신은 위로부터 내려오는 압박을 완화시켜야 한다.

여기서 한 가지 더 말하자면, '승리'가 실무 담당자의 몫이라면 '패배'는 책임자인 당신의 몫이다. 예를 들어서 최종적인 제안서가 실패했다고 가정해 보자. 그런 경우 혼자만 책임으로부터 피해가려는 상사들이 있다("그건 X씨가 예산을 잘못 계산했기 때문이야"). 만약 당신이 그와 유사하게 행동한다면, 직원들의 자기책임이라는 사안에 대해서는 아예 기대를 하지 말아야 할 것이다. 그런 상황에서 직원들은 상사가 어떻게 행동하는지 매우 정확하게 관찰하고 있다. 당신이 직원들 편에서 보호막이 되어주는지 그렇지 않은지가 — 크리스마스 인사나 사보에서 하는 따뜻한 말이 아니라 — 당신의 사람들이 앞으로 당신을 신뢰할지 불신할지를 결정한다.

그렇다면 부하직원인 현장감독을 감싸려 했던 사례 속의 지점장은 어떻게 행동하는 것이 적절할까? 아주 간단하다. 실수나 불가피한 상황이 아니라, 위와 같이 규칙과 법을 어긴 경우라면 신의는 더 이상 고려의 대상의 아니다.

당신은 때때로 다른 사람들로부터 미움받을 준비가 되어 있는가? 그렇다면 훌륭하다!

강한 약자

개인적인 문제들

본사로부터 독일, 폴란드, 체코의 경계 지역으로 발령을 받은 한 젊은 지점장은 그다지 환영을 받지 못한다. 말하자면 구동독 지역에 구서독 사람이 들어온 셈이고, 게다가 대부분의 직원들보다 나이도 어리고, 용감한 척하는 듯 보이며, 이 지점을 개선하라는 임무를 띠고 있다. 긴장감이 감돈다. 기대감에서 적대감까지 다양한 반응이 나타난다. 몇몇 직원들은 드러내며 담을 쌓고, 다른 직원들은 혹시 언젠가 잘리는 신세가 되지 않기 위해 신중하게 새 상사와 잘 지내려고 애쓴다. 초기의 강경한 방식은 상황을 개선시키지 못한다.

그러던 중 회의를 끝내면서 새 지점장이 다음과 같은 말로 직원들을 놀라게 한다. "할 말이 있습니다. 제게 문제가 좀 생겼습니다. 최근에 아내가 저를 떠났습니다. 저는 정말 비참합니다. 그러나 여러분에게 동정을 바라지 않습니다. 단지 앞으로 몇 주 동안 여러분에게 평소와 좀 다르게 행동한다 해도 이해해 주시기를 부탁드립니다."

사람들은 조용해지고, 아무 말 없이 각자 흩어진다. 15분 정도가 지난 뒤에 지점장의 사무실에 노크 소리가 들린다. 그와 가장 대립이 심했던 직원 중 한 명이 살짝 사무실 안으로 몸을 숙이더니 엄지를 들어주고는 금방 사라진다. 그것만으로도 모든 것이 전해진다. 그후 회사 내에 감돌던 긴장감이 사라지고, 지점장은 몇 주가 지난 뒤에도 더 이상 누군가와의 대립으로 속을 썩는 일은 없다.

■ ■ ■

"많은 사람들이 험준한 산과 같다. 더 높을수록 더 차갑다." 잠언가인 에른스트 R. 하우쉬카의 말이다. 몇몇 중역들은 업무의 인간적 고충을 견디기 위해 스스로 단단해져야 한다고 믿는다. 그러나 나는 예를 들어 직원들을 해고할 때 아무렇지도 않게 넘어가는 상사를 본 적이 없다. 물론 주변 사람들과 거리를 두고 냉정하게 대하는 것을 특별한 강건함의 표시로 여기는 중역도 있다. 어쩌면 그 뒤에는 자신의 무엇인가가 노출될지도 모른다는 두려움이 숨겨져 있을지도 모른다. 이런 관점에서 가장 이상한 사례는 자신의 사무실 앞에 빨간색과 흰색으로 된 차단용 띠를 쳐놓은 한 콘체른의 여성 부장이었다. 직원들은 이 차단용 띠가 열리는 아주 드문 경우에만 그녀를 방문할 수 있었다.

그러나 자신의 약점을 밝히는 사람이 진정으로 강한 사람이다. 그런 사람은 예를 들어 잘못된 행동에 대해 용서를 구할 수 있다. 우리가 스스로의 약점과 강점을 잘 파악하고 있으면 다른 사람들의 약점과 강점에 대해 훨씬 더 쉽게, 더 관대하게 대처할 수 있다. "나와 같은 사람이 옳은 사람이다. 나와 다른 사람은 어딘지 잘못된 사람이다"라는, 일반적으로 만연되어 있는 사고방식은 중역들에게 별로 유익하지 않다. 그런 생각은 결국 획일적 문화를 만들고, 그 안에서 모두가 똑같이 생각하고(혹은 최소한 똑같이 이야기하고), 최악의 경우 파멸을 초래할 수 있다. 텅텅 빈 머리가 더 쉽게 끄덕일 수 있다는 것을 당신도 잘 알고 있지 않은가. 그러나 텅텅 빈 머리를 가진 사람들을 데리고 당신은 아무 일도 해낼 수 없다.

물론 약점을 보이는 사람은 의심의 여지없이 공격의 대상이 된다. 그러나 나의 경험상 누군가 바닥에 쓰러졌을 때 그를 밟고 지나가는 사람은 극히 소수일 뿐이다. 그리고 설사 누군가 당신이 밝힌 약점을 공격한다면, 이 일을 통해 당신은 앞으로 그 사람과 일을 계속할 것인지 아닌지를 결정할 수 있을 것이다.

자신에 대해 무엇인가를 드러내면 인간적인 교제가 가능해진다. 그리고 최상의 경우 더 많은 신뢰로 보답 받게 된다. 이때 중요한 것은 정직해야 하고 감정을 왜곡하지 말아야 한다는 점이다. 그저 오해를 방지하기 위해 말하자면, 내가 말하는 인간적인 모습을 보이는 상사란 직원에게 해고를 통고하면서 자신에게도 그 모든 일이 얼마나 힘겨운지 장황하게 설명을 늘어놓는 사람은 아니다. 물론 당신은 그렇게 불필요한 말을 할 생각도 하지 않았겠지만 말이다.

> 강하다는 것은 느낄 수 있다는 것을 의미한다.
>
> 페르난도 페소아, 포르투갈의 시인

우리에 갇힌 맹수처럼

공격성 조절 장애

공대를 갓 졸업하고 머리부터 발끝까지 전문 지식으로 무장한 의욕 넘치는 견습사원이 있었다. 그는 회사 소개에 따르면 최고의 엘리트 집단, 즉 큰 기대를 모으는 핵심 인재에 속하는 사람이었다. 건설 현장에 출근한 지 며칠 되지 않은 어느 날, 일이 벌어진다. 현장에 대형 크레인을 설치해야 하는데 그러려면 지반이 준비되어야 한다. 그런데 갑자기 170센티미터의 땅딸막한 남자가 사무실에서 나온다. 위탁회사의 책임자다! 그는 현장을 훑어보더니 갑자기 땅이 꺼질 듯한 큰 목소리로 호통을 친다. 대학 강의실에서도 결코 듣지 못할 큰 소리다. "도대체 어떻게 된 겁니까? 저기가 크레인을 설치할 자리란 말입니까?"

남자는 마치 우리에 갇힌 맹수처럼 원을 그리며 주변을 돌아다니기 시작한다. 그러면서 쉴 새 없이 소리를 질러댄다. "세상에, 세상에! 이건 정말 이해할 수가 없군요. 도대체 여기 있는 사람들은 다 바보란 말입니까? 정말 어이가 없네요."(이어서 몇 가지 미성년자 청취불가의 모욕적 발언이 이어진다) 이때 주변에 서 있던 현장 사람들은 — 그 중에는 중년의 가장들도 있었는데 — 마치 물에 젖은 푸들강아지처럼 어깨를 축 늘어뜨리고 땅만 바라보고 있다. 그 누구도 그에게 '단지 당신이 예정보다 하루 일찍 왔기 때문'이라고 설명하지 못한다. 아니, 설명하려는 의지도 없어 보인다.

■ ■ ■

당시 나에게 더 큰 충격을 주었던 것이 무엇인지 잘 모르겠다. 위탁회사 책임자의 과도한 감정 폭발이었는지, 아니면 마비된 듯 온갖 욕설을 듣고만 있던 중견 직원들의 반응이었는지 말이다. 혹시 그런 일은 건설 현장 같은 곳에서만 일어나는 일이라고 여기고 싶은가? 나는 최근에 한 저명한 의사가 예의 욱하는 성질 때문에 병원 전체에서 공포의 대상이 되었다는 이야기를 들었다. 얼마 전에는 심지어 그의 사무실 문이 부서졌을 정도라고 한다. 사실 이런 원시적 기질을 지닌 네안데르탈인은 저명한 의사나 위탁회사의 책임자와 마찬가지로 우리 모두의 내면에 숨어 있다. 당신의 내면에도 그리고 나의 내면에도 말이다. 혹시 당신은 최근에 운전을 하다가 앞에서 미적거리는 소형차를 앞지르며 위협의 신호를 보낸 적은 없었는가?

아마도 당신은 인류의 진화를 만화로 표현한 그림들을 본 적이 있을 것이다. 원숭이와 유사한 조상들부터, 직립 보행하는 수렵인과 채집인을 거쳐, 완전히 유인원을 연상시키는 자세로 컴퓨터 앞에 앉아 있는 오늘날의 회사원들 모습까지. 학자들은 인류의 보다 더 발달된 뇌의 활용이 호모 에렉투스가 생겨난 약 180만 년 전부터 이루어진 것으로 추측하고 있다. 오늘날의 뇌 부피는 약 10만 년 전부터 존재한 것으로 확인되었다. 만약 당신이 인간 사슬을 만들어서 부모님과 손을 잡고, 그들이 다시 자신의 부모들과 손을 잡는 방식으로 계속 이어진다면 불과 5킬로미터 거리에 오늘날의 뇌 성능을 지닌 최초의 조상에 다다르게 된다. 그것은 일요일 산책길 정도의 거리밖에 되지 않는다. 그리고 한 시간 정도 차를 타고 이 인간 사슬을 따라가 보면 90킬로미터를 지나 호모 에렉투스와 만나게 된다.

결국 인류 역사에서 우리는 원시시대의 선조들로부터 그리 멀리 떨어져 있지 않고, 우리의 원시적 반응 역시 예전이나 지금이나 여전히 존재한다. 즉 위협적인 상황에 맞닥뜨리면 우리는 경직, 복종, 공격, 도피, 혹은 방어로 대응한다. 그러니까 건설 현장의 직원들은 마치 석기시대의 인간들이 맹수가 나타났을 때 가만히 선 채로 그저 자신들을 지나쳐가기를 바라는 것과 유사하게 행동한 것이다. 반면에 펄펄 뛰던 위탁회사의 책임자는 지극히 공격적인 방식, 즉 전형적인 스트레스 반응을 보인 것이라고 할 수 있다. 어쩌면 그는 엄청난 시간적 압박을 받고 있거나 회사가 파산할 위험에 처해 있을지도 모른다. 어쨌든 두 가지 반응 모두 진화된 인간의 면모에는 합당하지 않다.

회사의 중역으로서 당신이 감정을 조절하고 공격적 태도를 자제할 줄 아는 것은 매우 중요하다. 두려움을 느끼는 직원들은 냉철한 사고를 할 수도, 성공적으로 일을 수행할 수도 없기 때문이다. 물론 이 말을 실제로 행동으로 옮기는 것은 쉽지 않다. 만약 당신이 통제할 수 없는 감정 폭발을 보이는 경향이 있다면, 주변 사람들이 문제가 있기보다는 그들과 당신의 관계, 그리고 당신의 사적인 스트레스가 더 문제라는 점을 인식하는 것이 중요하다.

한편 당신이 나름대로 통제된 감정 폭발을 보이는 경향이 있고 — 이런 경우는 나의 옛 상사가 따르던 "당근과 채찍이 우리를 지배한다. 그런데 당근은 이미 바닥났다"는 모토에 부합되는데 — 그래서 당신이 목표 달성을 위해 채찍을 휘두르는 사람이라면, 창의적 사고가 필요 없는 분야에 종사하고 있어야 문제가 없을 것이다. 그러나 이런 분야는 점점 더 줄어들고 있다. 사무실 문을 부수었다는 저명한 의사는 그가 맡고 있는 분야에 지원하는 의사가 없어 심각한 인력난을 겪고 있다고 한다.

인류 역사에 대한 짧은 숙고는 우리에게 또 다른 흥미로운 문제를 제기한다. 경영 혹은 통솔은 어떻게 생겨나게 된 것일까? "사회를 형성하는 모든 생명체에게는 통솔자가 필요하다. 어떤 동물 집단에서든 리더가 존재한다"고 심리분석가이며 인사이드 경영대학원의 글로벌 리더십센터 소장인 만프레드 케츠 드 브리는 말했다. 경영 혹은 통솔에 대한 전문서적은 중세시대의 신분제 국가에서 처음 쓰여진 것으로 알려져 있지만, 통솔 그 자체는 당연히 수천 년 전부터 존재했다. 최초의 인간 집단들도 족장과 주술사, 전쟁과 종교의 리더에 의해 통솔되었다. 그래서 오늘날까지 많은 지도층의 직함과 조직기구들이 중세와 교회에 그 뿌리를 두고 있는 것이다. 그렇다면 과연 어떤 사람이 리더로 선정되었을까? 가장 현명한 사람? 가장 힘이 센 사람?

어떤 경우에든 '집단을 안전하게 지킬 줄 아는 사람'이 선정되었다.

인류학자들의 설명에 따르면 이 임무를 완수하지 못한 사람은 동족들에 의해 수면 중 살해되었다고 한다. 다행히도 지금은 시대가 변했고 그 사이에 해임결의와 배상 등의 방법이 생겼다. 그러나 통솔의 오랜 역사 속에는 시대를 막론한 매우 중요한 메시지가 들어 있다. 통솔에는 통솔당하는 사람들에 의한 일종의 자격 승인이 필요하다는 점이다. '통솔되는 집단' 없이는 통솔도 경영도 없는 것이다.

그리고 인간은 누구나 자신에게 유리한 쪽으로 움직이게 마련이다. 보호, 방향 제시, 공동의 성공. 이것이 바로 네안데르탈인들에게서 배우는 통솔과 경영에 관한 두 번째 교훈이다. 기업의 중역으로서 당신은 직원들에게 어떤 이익을 줄 수 있는가?

이 문제는 기업에서 지속적으로 요구되는 주제와 직결된다. 바로 직원들의 동기부여의 문제이다. 당신이 어떤 목표를 위해 직원들을 고용하고 그 목표에 성공적으로 도달하기 위해 직원들을 통솔할 때, 일에 대한 동기를 인위적으로 만들려고 해서는 안 된다. 그것은 원시시대의 매머드 사냥에서나 오늘날의 회사생활에서나 모두 적용되는 사실이다.

경영과 통솔은 그 자체가 목적이 아니다. 당신의 존재가 다른 사람들에게 어떤 이익을 주는지가 중요할 뿐이다.

같은 회사, 다른 목표
진실은 진실이 아니다

얼마 전에 나는 세 명의 임원들과 함께 세미나 주최자와 경영 중재자로서의 자질을 검증받는 인터뷰를 한 적이 있다. 그때 나는 진부한 말로 자격 인증을 부탁하는 대신 그들에게 다음과 같은 질문을 던졌다. "여러분의 시각에서 볼 때 현재 여러분 회사의 가장 중요한 목표는 무엇입니까?" "그거야 아주 확실하지요!" 그 중 한 명이 단호하고도 거리낌 없이 말했다. 그의 동료들도 동의한다는 듯 고개를 끄덕였다. "그렇다면 그 목표를 옆 동료에게 보이지 않도록 A4 용지에 적어주시기 바랍니다"라고 나는 세 사람에게 요구했다. 그들은 나를 불만스럽게 쳐다보며 "도대체 왜 이런 일을 하라는 겁니까? 쓸데없는 일일 텐데요"라고 말했다. "그렇게 간단한 일이라면 그냥 한번 해보시죠." 내가 말하자, 결국 그들은 마지못해 펜을 들었다. 잠시 후 세 장의 종이를 나란히 늘어놓자 다음과 같은 그림이 만들어졌다.

우리는 올해 최소한 10퍼센트의 매출 증가를 원한다.	2014년 100만 유로의 매출액 증가	2014년 더 이상의 손실이 없게 하는 것

■ ■ ■

심지어 같은 기업 내에서도 사람들은 각기 다른 행성에 사는 듯 각기 다른 생각을 하고, 몇 백만 유로의 차이가 날 만큼 서로 다른 목표를 내세운다. 실제로 우리 사회의 많은 갈등은, 내가 믿는 진실과 상대방이 믿는 진실이 당연히 같을 것이라는 잘못된 생각에서 시작된다.

《현실은 얼마나 현실적인가?》 2007년에 세상을 떠난 철학자 파울 바츨라비크의 저서 제목이다. 바츨라비크는 극단적 구성주의의 옹호자로 알려져 있다. 구성주의의 핵심 이론은 이렇다. "현실이란 존재하지 않는다. 우리의 세계상은 의사소통에 근거한 개별적인 구성(construction)일 뿐이다. 우리는 다른 사람들과 의사 교환을 함으로써 무엇이 '진실'이고 '현실'인지 합의를 도모한다."

그런데 앞에서 소개한 세 명의 임원들 경우에는 이런 의사 교환이 부족했던 모양이다. 누가 옳은가? 구성주의자의 시각에서 이 질문은 불합리하다. 세상이 '실제로' 어떻게 보이는가, 즉 당신 혹은 나는 세상을 어떻게 보는가의 질문과 같은 정도의 의미가 있을 뿐이다. 혹은 완전히 다른 눈을 가진 곤충들에게는 세상이 어떻게 보이는가의 문제와도 유사하다고 볼 수 있다. 구성주의자의 입장에서는 모두가 자신의 체계 안에서는 옳다.

한편 구성주의자들은 현대의 뇌 연구로부터 지원사격을 받고 있다. 뇌 과학자 데이비드 이글맨은 《슈피겔》 지와의 인터뷰에서 이렇게 말했다. "당신은 지금 자신의 눈앞에 있는 것을 보는 것이 아니라,

자신의 뇌가 말하는 것을 보는 것이다. 뇌가 외부 자극을 수용하고, 방향을 찾거나 살아남기 위해 필요한 방식으로 세상을 보게 한다. 우리의 지각이란 불완전하고 때로는 잘못된 세상의 재구성이다. 또한 지각은 간혹 완전한 생각인 척 사칭하기도 한다. 외부에서 어떤 정보가 들어오든 우리는 뇌가 말하는 대로 그 정보를 이해하게 된다." 잘 알려져 있는 다의도형(多義圖形, 하나의 도형이지만 관찰 방법에 따라 두 가지 또는 그 이상으로 볼 수 있는 도형 - 옮긴이) 착시현상은 우리가 각자의 주변 환경을 '구성'하고 있다는, 즉 원하는 대로 꾸미고 있다는 간단한 증거로 볼 수 있다. 예를 들어서 당신은 다음 그림에서 무엇이 보이는가?

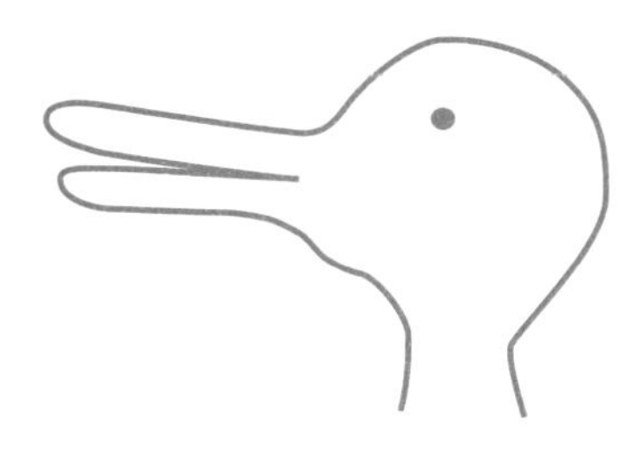

'아주 확실하게' 토끼 한 마리가 보이는가? 혹은 오리 한 마리가 역시 '아주 뚜렷하게' 보이는가? '현실적' 혹은 '사실적'이라는 것은 과연 무엇인가? 아마도 당신은 루트비히 비트겐슈타인의 잘 알려진 다의도형과 더불어, 원시시대 여자이거나 젊은 여자로 보이는 그림, 혹은 두 개의 옆얼굴이거나 꽃병으로 보이는 그림 등도 본 적이 있을 것이다.

잘 모른다면 인터넷에서 간단히 '다의도형'을 검색해 보라.

그런데 이러한 개별적인 현실의 구성이 단지 우리의 선택적이고 기대지향적인 지각에 의해서만 이루어지는 것은 아니다. 예를 들면 사건의 증인들은 극단적으로 전혀 다른 진술을 하면서 다들 '아주 확실하게' 파란색 자동차, 검정색 자동차, 혹은 짙은 회색의 자동차를 현장에서 보았다고 말하고, 또 화물차 혹은 SUV 차량이었다고 확신한다. 혹은 화물과 승용의 겸용 차량이라고 주장하던가? 또한 문화적 또는 개인적 경험도 현실의 '구성'에 한몫을 한다. 북유럽 사람들에게 '급히 몰아대는' 것처럼 느껴지는 어투가 남아메리카에서는 낯선 사람들과의 지극히 일반적인 대화 속도로 여겨진다. 그리고 독일인 경영자에게는 장황하게 들리는 말이, 그의 프랑스인 동료에게는 달변과 교양의 표시로 받아들여진다.

우리가 유사한 생각을 지속하는 한 우리는 각자의 현실상이 지닌 한계성을 의식하지 못한다. 시각적 착각이나 문화적인 차이가 우리가 구성한 현실에 대한 작은 의혹조차 사라지게 만든다. 일상생활에서도 흔히 우리는 타당하고 사실적인 것과는 거리가 먼 판단을 내리곤 한다. 그래서 당신에게는 '이성적인' 말투가 상대방에게는 무뚝뚝하게 들릴 수 있다. 당신에게는 '확실한' 것이 다른 사람에게는 여전히 불확실할 수도 있다. 내가 진행하는 세미나에서는 끝부분에 중요한 순서가 있다. 세미나 참가자들이 각자가 생각하는 현실 혹은 진실을 드러내는 시간을 갖는데, 이때 몇 분 지나지 않아 큰 혼란이 일어난다. 모두가 자기만의 진실을 가지고 있고 그것의 정당성을 열정적으로 주장하기 때문이다. 이런 시간을 통해 그들은 씁쓸한 자기 인식의 기회를 접하게 된다.

'평가'라는 것 또한 주관성이 맹위를 떨치는 또 다른 영역이다. 그래서 해마다 직원 상담에서 작은 'X' 표들이 활발하게 10개의 항목에 분배되는 것이다. 물론 의욕적인 직원들의 경우에는 이런 평가표가 매년 나아지는데, '동기부여'가 그 이유가 되기도 한다. 나의 경우 5년째 되던 해에 지도력에 대한 평가가 갑자기 9점(very good)에 더 머물게 되었다. 여기에 대해 내가 발전이 없다는 것인지 아니면 10점을 받기에 부족한 것인지 물어보자 사장은 이렇게 대답했다. "10점은 없습니다. 절대!" "절대 없다고요?" 내가 물었다. "없습니다. 10점은 신의 점수입니다!"

어차피 측량 도구가 사용될 수 없다면 그 정확성이란 얼마나 엉터리란 말인가? 어쩌면 다음번 사장의 경우에는 '신의 점수'가 150점에서 시작될 수도 있고, 평균적인 직원들은 9점이나 10점을 받고도 멋모르고 행복해할 것이다. 한 직원이 자신을 긍정적으로 바라봐주는 새로운 사장 밑에서 비로소 능력을 한껏 발휘할 수 있으며, 반대로 부서의 스타가 경영진 교체 후 갑자기 무능력자로 바뀌는 경우도 있다. 나는 여기서 두 가지를 배웠다. 그 어떤 것도 확실한 것은 없다는 사실이다. 그리고 나의 견해는 단지 하나의 가능성일 뿐이라는 점이다. 우리 모두는 현실을 조금씩 다르게 측량하고 있으며, 각자의 측량 결과를 서로 조정하는 것이 바람직하다. 경영진으로서도 그렇다.

두 마리의 실험쥐가 자신들의 실험 책임자에 대해 이야기를 나누고 있다. 한 마리가 자랑스럽게 다른 쥐에게 말한다. "내가 이 남자를 훈련시켰다네. 내가 이 손잡이를 누를 때마다 그가 먹이를 주도록 말이야."

주의하라, 당신이 생각하는 진실이 절대적 진실은 아니다!

주말의 크리스마스 파티

호의는 호의가 아니다

회사 경영진은 금요일 저녁에 크리스마스 파티를 여는 것을 아주 멋진 아이디어라고 생각한다. 경치 좋은 곳에 위치한 지방 호텔에서 1박 2일로 모두 함께 즐거운 시간을 보낼 예정이다. 금요일 저녁에 일찍 도착, 토요일에 늦은 아침 식사 후 출발. 그러나 12월의 예정 날짜가 다가올수록 점점 더 많은 불참 신청자가 생긴다. 직원들은 잇따라 참가할 수 없는 사연들을 둘러대는데, 막내아들의 농구 경기부터 시작해 명예직의 임무수행 그리고 고향마을의 자원 소방대 대회까지 그 내용도 아주 다양하다. 결국 한 눈에 셀 수 있을 정도로 적은 인원만이 호텔에 도착한다. 대부분의 중역들은 참석했지만, 직원들의 줄은 눈에 띄게 짧다. 이런 행동을 중역들은 '배은망덕'하다고 생각한다. 반면에 직원들, 특히 그들의 배우자들은 주말마저 회사에 바쳐야 한다는 것은 '비상식적인' 일이라고 분개한다.

■ ■ ■

모두가 각자의 해석을 통해 자기만의 세계를 '구성'한다는 구성주의적 입장에 대해서는 앞에서 설명했다. 실패한 크리스마스 파티도 그런 사례 중 하나라고 볼 수 있다. 중역들은 회사에서 숙박비 전액을 지원하기 때문에 큰 선심을 썼다고 생각하지만, 직원들은 단지 일의 연장이며 회사의 시간적 착취에 불과하다고 받아들였던 것이다. 처음 파티 소식을 들었을 때만 해도 그 정도로 기분 나쁜 일은 아니었을지 모른다. 그러나 집에 가서 각자의 배우자들과 이야기를 나눈 다음에는 행사에 대한 기대와 기쁨은 급격히 줄어들고 만다("뭐라고요? 당신 지금 주말까지 나가겠다는 거예요?"). 그리고 회사 동료들과의 의견 교환 후에는 그나마 남아 있던 기대마저 완전히 없어진다.

이 사건의 문제점은 자신의 생각과 평가를 경솔하게 다른 사람에게 전가시킨다는 점이다. 당연히 매우 위험한 일이다. 주중에 근무시간이 많은 사람들은 최소한 주말만이라도 가족과 함께 시간을 보내고 싶어 한다. 결국 금요일로 날짜를 잡은 것은 직원들 입장에서 볼 때 회사 측이 이런 메시지를 보내는 것으로 생각된다. "회사 비용으로 먹고 즐기는 일에 근무시간까지 희생할 정도로 당신들이 그렇게 중요한 존재는 아니다." 쉽게 말해서 크리스마스 파티 계획은 불만과 불쾌감만 불러일으켰을 뿐이다. 목요일 저녁 사무실 근처에서 조금 작은 규모로 파티를 하고 금요일을 휴가로 주는 것이 직원들에게는 훨씬 더 큰 의미가 있었을 것이다.

내가 이 사건을 상세하게 설명하는 이유가 무엇이겠는가? 당신이 한 그룹에서 중역의 한 사람으로 등장하자마자 당신의 행동이 특히 주의 깊게 '해석'된다는 점을 확실히 의식하도록 하기 위해서다. 잘 알려진 바흘라비크의 말을 인용해 설명하자면, 이 순간부터 당신은 정말 제대로 행동하지 않으면 안 된다. 직원들이 당신의 행동에서 해석해 낸 모든 것은 거의 상상할 수 없을 정도다.

크리스마스 파티와 관련해서 나도 민망한 경험을 한 적이 있다. 중역으로서 나에게 주어진 비교적 중요한 첫 번째 임무는 실적이 형편없던 한 지점을 맡는 일이었다. 일을 시작한 지 몇 주가 지나서 나는 부족한 재정 사정을 고려해 — 나의 판단으로는 — 매우 천재적인 아이디어를 생각해 냈다. 약 150명의 직원들을 초대해 천막 밑에서 바비큐와 여러 가지 요리를 해서 먹고 즐기는 크리스마스 파티를 여는 것이었다. 나는 이 계획을 통해 비용 절감과 더불어 공동 체험의 즐거움을 기대했다. 화물 운반직과 지점장이 함께 요리를 해먹는다면 꽤 흥미로운 일이 아니겠는가!

그러나 이 행사는 생각처럼 그렇게 흥미롭지 않았고 오히려 민망하게 끝났으며, 내 인생 최악의 크리스마스가 되었다. 왜냐하면 직원들이 노골적으로 이렇게 말했던 것이다. "그러니까 상황이 이렇게까지 되었군. 이제는 우리가 크리스마스 파티를 위해 직접 감자를 깎아야 한단 말이지!"

그러므로 어떤 방법을 선택할 때에는 다음과 같은 사항들을 자문해 보는 것이 바람직하다.

- 그 방법이 정말로 직원들에게 긍정적인 표시가 될까?
- 그 방법이 다른 사람들의 시각에서는 어떻게 보일 수 있을까?

시간이 지날수록 나는 그때 크리스마스 파티의 피해자들 중 누구에게라도 왜 미리 나의 계획에 대한 의견을 물어보지 않았는지가 수수께끼처럼 여겨진다. 그 뒤부터 나는 자원하는 크리스마스 파티 책임자를 선정해서 그가 모든 것을 기획하도록 했다.

또한 예전에 나는 어느 여름에 '에어컨 대신 스위밍 풀' 프로젝트를 진행할 때도 사전에 물어보는 일을 실천하지 않았다. 당시에 우리는 컨테이너 건물에서 땀을 비오듯 흘리며 일해야 했다. 건물 안의 온도가 매우 높았기 때문이다. 직원들은 에어컨 설치를 요구했다. 그런데 나는 이때 유난히 잔꾀를 부리고 싶었는데, 건물 출입구에 있는 빈 공간을 '홍보 공간'으로 활용할 스위밍 풀 판매업자를 찾아냈다. 소위 '협찬'이었다. 여러 번의 논의 끝에 계획이 실행되었다. 한푼도 들이지 않고 커다란 이동용 스위밍 풀이 설치되었다. 그런데 직원들의 해석은 예상 밖이었다. "그는 단지 우리 신입사원들의 비키니 모습을 보려는 것뿐이야!" 그들은 우롱당했다고 느꼈고, 스위밍 풀을 이용하는 사람은 매우 드물었다.

만약 당신이 직원들의 반응을 예상하는 데 별로 수완이 좋지 못하다면, 경험이 많은 비서나 당신에게 호의적인 직원들 중 한 사람의 도움을 받는 편이 좋을 것이다. 혹은 멘토나 코치와 함께 당신의 아이디어에 대해 의논을 해보는 것도 좋다. 그들은 당신과 직원들 혹은 상사들과의 관계를 위해 유익한 스파링 상대가 될 수 있을 것이다.

만약 당신이 직원 입장에서 생각하는 일을 무시한다면 직원들은 "이제는 우리가 크리스마스 파티를 위해 직접 감자를 깎아야 한단 말이지!"라는 생각에서 시작해 "회사의 중역들은 이미 우리를 거부했어"라는 결론까지 이끌어낸다. 그리고 이런 부정적인 안경을 쓰고 도처에서 또 다른 증거들을 확인하게 된다. "뮬러 부인은 새 의자를 신청했다가 거부당했고, 2층에 있는 복사기는 여전히 수리가 되지 않았어. 그리고 이제는 심지어 회사 마당에 꽃을 심는 일에도 돈을 아끼려 하고 있어. 벌써 6월인데, 아직도 봄에 심은 팬지꽃이 그대로 있다니. 아무래도 천천히 새 직장을 알아보는 것이 좋겠어."

이런 이야기가 불합리하게 들릴지도 모르지만, 우리 인간이란 존재는 흔히 그렇게 행동한다. 혹시 당신은 상사와의 짧은 전화통화에서 터무니없는 억측을 만들어냈던 경험이 없었는가?

아직도 의심이 생기는가? 그렇다면 유튜브에서 커뮤니케이션 전문가 파울 바츨라비크의 '망치 이야기'라는 동영상을 한번 찾아보기 바란다. 즐거운 시간이 되길!(이 동영상의 번역본도 인터넷에서 쉽게 찾아볼 수 있다)

당신은 나폴레옹인가?
실제 '나'와 보이는 '나'

예전에 같은 회사의 동료였던 두 사람이 수년 뒤에 인근 대도시에서 우연히 마주친다. "이런 우연이 있나, 어떻게 지내? 자네는 여전히 부델 에이전시에서 일하고 있겠지?" 한 사람이 의례적인 인사를 건넨 후에 이렇게 말한다. "그런데 말이야, 자네 얘기 들었나? 그 홀펠트가 말이야, 최근에 호텔방에서 사망한 채 발견되었다네!" "뭐라고?" 놀라는 것이 당연하다. 그도 그럴 것이 두 사람의 예전 상사였던 홀펠트는 기껏해야 40대 중반이었기 때문이다. "심장마비였다네. 호텔 룸 청소부가 그를 발견했다는군. 뭐, 아무도 그를 그리워하지는 않겠지만 말이야."

매우 삭막하게 들리는 그의 말에 오래된 기억이 떠오른다. 홀펠트가 늘 했던 말도 생각난다. "나는 여기 우리 회사에 300마리의 양들을 데리고 있습니다. 그리고 이 양들은 통솔되기를 원하고 있습니다. 바로 나에 의해서 말입니다!" 그리고 어떻게 그가 자신의 약속을 "아니, 그건 아닙니다. 우리는 지금 여기서 '소원을 말해봐' 게임을 하고 있는 것이 아닙니다"라는 간단한 말로 이틀 뒤에 완전히 백지화시켰는지, 또한 어떻게 그가 교통비 지급 신청을 "충직하지 못한" 행동이라며 화를 내면서 거절했는지, 그리고 360도 피드백을 통해 그의 최악의 통솔력이 증명되자 어떻게 그가 단번에 바닥으로 추락했는지가 떠오른다.

■ ■ ■

나의 예전 상사는 실제로 큰 충격을 받았을 것이다. 대개 자신의 통솔력과 경영 능력을 비판적으로 보는 중역은 매우 드물다. 당신과 내기를 해도 좋다. 요트 클럽에서, 골프장에서, 혹은 집의 거실에서 중역들은 흔히 무능한 직원, 일을 관철시키지 못하는 동료, 혹은 미칠 듯이 사람을 몰아붙이는 상사에 대한 이야기를 주고받는다. 그렇게 보면 세상은 뛰어난 중역과 무능력한 '중역 아닌 사람들'로 가득 차 있는 것처럼 보인다. 그런데 확실한 것은 이 논리에 엄청난 망상이 들어 있다는 점이다. 학술적으로 표현하자면, 자아상과 외부적 이미지의 차이는 때때로 매우 크다.

세미나를 진행하면서 팀장부터 이사장에 이르기까지 회사의 여러 중역들에게 자아상과 외부적 이미지 중 무엇이 더 중요한지를 물어보면 대부분 '자아상'이라고 대답한다. 설문조사를 통해서도 밝혀졌듯, 긍정적인 자아상은 자아의식, 자존감과 연결되어 있고, 이 때문에 도전적인 임무에 필요한 실행능력과도 관련이 있다. '자아상'이란 '나는 나 자신을 어떻게 보는가?'를 의미한다.

반면에 '외부적 이미지'란 '다른 사람들이 나를 어떻게 보는가?'를 뜻한다. 삶의 질과 성공을 위해서는 자아상보다 외부적 이미지가 더 중요하다. 만약 당신이 자신의 통솔력에 대해 스스로는 확신하지만 다른 사람들이 당신을 유약한 사람 혹은 착취자로 여긴다면, 당신의 성공에는 전혀 도움이 되지 않는다. 이 지구상의 많은 정신과 병원에는 자신이 나폴레옹, 아이슈타인, 혹은 예수라고 확신하는 사람들이 많이 있다. 유감스럽게도 주변 사람들은 아무도 그 주장을 믿지 않는다.

가장 좋은 것은 자아상과 외부적 이미지가 최대한 동일한 것이다. 다른 말로 하자면, 당신이 다른 사람들에게 미치는 자신의 영향력을 올바르게 인식하고 그에 상응하는 현명한 행동을 하는 것을 뜻한다. 그러나 결코 쉽지 않다는 것은 이미 성경에서도 읽을 수 있다. "어찌하여 너는 네 형제의 눈 속에 들어 있는 티는 보면서, 네 눈 안에 들어 있는 들보는 깨닫지 못하느냐?" 이런 태도가 일반적인 인간의 모습임을 인정하기 위해 우리가 종교적인 사람일 필요는 없다. 사회심리학자인 요제프 루프트와 해리 잉햄은 수년 전 여기에 관해 '요하리의 창'이라고 불리는 유형들을 개발했다. 이 이론은 다양하게 통용되는데, 나는 다음과 같은 버전으로 활용하고 있다.

요하리의 창		
	내가 아는 것	내가 모르는 것
타인들이 아는 것	A 공개 영역	B 맹점 영역
타인들이 모르는 것	C 비밀 영역	D 미지 영역

성경에 나오는 "네 눈에 들어 있는 들보"란 전형적인 '맹점 영역'에 해당된다. 즉 많은 관찰자들에게는 확실하지만 본인 스스로는 의식하지 못하는 부분을 말한다. B는 네 영역 중 가장 어려운 부분으로, 자기기만의 영역이다. 그래서 앞의 사례에서 지점장은 스스로를 관철능력이 탁월하다고 여기지만, 다른 사람들은 그를 배려심 없고 무례하다고 생각한다. '맹점 영역'은 피드백의 보완을 통해 축소될 수 있다. 피드백을 활용할 때는 당연히 호감을 가진 사람들의 말만 듣지 않도록 해야 한다. 피드백은 자아상 수정을 가능하게 하는데, 자기비판적인 사람에게는 더욱 긍정적인 효과가 나타날 수 있다.

《프시홀로기 호이테》라는 잡지는 미국의 한 연구 결과를 인용하여 설명하기를, 인간의 35퍼센트가 '나르시스적인 자기도취'의 경향을 보이고, 약 50퍼센트는 전반적으로 타인의 평가와 일치하며, 15퍼센트가 타인의 평가보다 더 부정적으로 스스로를 판단한다고 한다. 뚜렷한 자아의식을 가진 사람들이 특히 자아 과대평가를 하는 경향이 있는데, 그래서 중역들 중에 첫 번째 그룹에 속하는 사람들이 평균 이상의 비율을 차지하고 있는 것이 아닐까 생각된다.

지극히 실무적인 이야기를 해보자. 당신은 직장에서 솔직한 피드백을 어떻게 얻고 있는가? 이때 중요한 것은 긍정적인 업무 분위기다. 당신은 자신에 대해 더 많이 알림으로써, 즉 당신의 '공개 영역'을 확장시키고 C의 '비밀 영역'을 축소시킴으로써 이런 분위기를 만들 수 있다. 솔직함이란 일방통행이 아니다. 자신에 대해 더 많이 알리는 사람이 다른 사람의 이야기도 더 많이 들을 수 있다. 중역이 자신의 생각과 감정을 주도면밀하게 숨기면 직원들과의 사이에 단단한 유리벽만 세워질 뿐이다. 중역이 직원들에게 솔직할 때 업무 분위기는 훨씬 더 긍정적으로 바뀐다.

두 번째로 당신은 직원들의 작은 신호에 주의를 기울이고, 자주 이런저런 질문을 함으로써 솔직한 피드백을 얻을 수 있다. 침묵이 항상 동의와 인정을 뜻하는 것은 아니다. 그리고 책상 위의 서류나 엑셀 표를 들여다보는 것보다 직원들의 얼굴을 들여다보는 것을 통해 몇 배 더 많은 것을 알아낼 수 있다.

끝으로 결코 무시할 수 없는 방법이 코치나 트레이닝과 같은 기회를 통해 적극적으로 전문적인 피드백을 얻는 것이다. 내가 주최하는 세미나는 항상 상세한 외부적 이미지에 대한 언급으로 시작되는데, 이때 참가자들은 항상 충격을 받곤 한다. 이런 경험만으로도 세미나에 참가한 의미가 크다고 말하는 사람을 나는 자주 보았다.

당신이 현재 출세의 사다리에서 어느 높이의 계단까지 와 있든 상관없이, 당신 혼자서는 결코 끝까지 올라갈 수 없다. 다른 사람들이 당신에게 문을 열어주거나 닫거나 할 수 있기 때문이다. 그래서 다른 사람들이 나를 어떻게 생각하는지를 아는 것은 매우 중요한 문제이다. 왜냐하면 호텔방에서 혼자 고독하게 죽어가기를 원하는 사람이 누가 있겠는가? 나는 이 책을 쓰기 위해 조사 작업을 하면서 검색 사이트인 위키피디아에서 다음과 같은 멋진 개념 정의를 읽게 되었다.

"망상이란 삶의 영위에 방해가 되는 확신으로, 현실과의 불일치가 객관적으로 증명되는데도 홀로 단호하게 주장하는 증상을 말한다. 그 결과 판단력 장애가 생길 수 있다."

이 설명은 사실 절제된 표현에 불과하다. 이런 망상에 빠진 사람들을 보면 나는 집파리의 행동이 떠오르는데, 파리들은 끊임없는 실패에도 불구하고 전혀 흔들림 없이 창문 유리를 향해 초스피드로 날아가기를 반복한다. 당신이 중역으로 일하는 일터에서는 그런 일이 생기지 않을 것이라고 믿는다. 왜냐하면 당신은 스스로는 늘 똑같이 행동하면서 직원들이 갑자기 다르게 반응해 주기를 기대하는 사람에 속하지는 않을 것이기 때문이다.

실망이란 긍정적인 것이다. 그것은 착각의 끝을 의미하기 때문이다.

신입 비서의 비밀

감정에 휘둘린다는 것

지점장의 새 비서는 신입사원으로서 매우 이상적인 출발을 했다. 그녀는 적극적이고, 능력 있고, 신뢰할 만한 모습을 보여주었다. 불평 없이 온갖 일을 마다하지 않았고 팀에 매우 잘 적응했다. 게다가 그녀는 스마트하고 외모까지 아름다웠다. 회사 중역들은 이미 의아해하고 있었다. "저런 인재가 우리 회사 같은 곳에서 무엇을 하려는 거지?"

그런데 일 년이 지나자 상황이 달라졌다. 비서는 며칠씩 휴가를 냈는데, 처음에는 간간이, 나중에는 자주 휴가를 냈다. 모든 직원들이 그녀의 진짜 의도를 알게 되었다고 믿으며 조심스럽게 면담을 신청한다. 그녀에게 조금 더 까다로운 회사 업무를 맡겨야 할까? 분위기가 눈에 띄게 냉랭해졌다.

그러던 중 새 비서는 기차에서 일하기 위해 업무용 노트북 구입을 회사에 요구하는 간 큰 행동을 했다. 그녀는 점점 더 자주 "내일 아침에 조금 늦겠습니다"라는 말을 했다. 그녀는 도대체 무슨 착각을 하고 있는 것일까? 동료 직원들은 그녀가 점점 더 신경에 거슬렸고 불친절하게 대했다.

그런 상황의 정점을 찍은 것은 전문 박람회에서였다. 여기서 예전에는 최고의 동료 직원으로 인정받던 비서는 어떤 때는 기분 좋게, 어떤 때는 지친 듯이 변덕스러워 보였다. 박람회가 끝나고 그녀는 연락도 없이 사라지고 말았다. 모두가 이제는 정말 정도가 너무 심하다고 생각했다.

그런데 갑자기 밝혀진 사실이 있었다. 비서는 박람회 직후에 쓰러져서 병원에 입원해 있었던 것이다. 그녀는 병원에서 심장을 이식받았다. 예전의 모든 결근과 지각들은 심각한 심장병으로 인한 병원 출입 때문이었던 것이다.

■ ■ ■

뒤늦게 밝혀진 사실이 회사 사람들에게 어떤 영향을 미쳤을지 상상할 수 있겠는가? 아마 당신도 이야기를 읽으면서 처음에는 태만한 여직원에게 분노를 느끼다가 갑자기 당혹과 동정을 느끼는 감정의 급변을 경험했을 것이다. 정말 이상한 일이다. 왜냐하면 객관적인 상황은 전혀 달라진 것이 없기 때문이다. 즉 한 직원이 팀워크를 해치고 더 이상 예전처럼 일을 잘 하지 못한다는 사실은 변함이 없다는 말이다.

일반적으로 우리는 자신의 감정에 '어쩔 수 없이' 휘어잡히는 것이라고 생각한다. 그래서 나쁜 기분이란 마치 코감기처럼 혹은 아파트 복도에서 만난 수다스런 옆집 여자처럼 어느 날 아침 갑자기 닥치는 것이고, 분노란 다른 사람들의 잘못된 행동에 대한 피할 수 없는 반응이라고 생각한다. 그러나 심리학자들은 다르게 본다. 당신의 기분에 대한 책임은 오로지 한 사람에게 있다. 바로 당신 자신이다.

대부분의 사람들에게는 이런 말이 상당히 이상하게 여겨질 것이다. 예를 들어 당신이 직원에게 어제 제출하기로 했던 프로젝트 보고서가 어떻게 되었는지 묻는다. "어제요? 저는 다음주까지라고 생각했는데요!"라고 직원은 악의 없이 대답한다. 이때 당신은 자신의 내부에서 분노가 끓어오르는 것을 느낀다. 당신의 이런 분노에 대한 책임은 과연 누구에게 있을까? 직원일까? 혹은 이 순간에 당신의 머릿속을 스치는 이런 생각들일까? "저 직원이 지금 나를 만만하게 여기고 있는 것 아닐까?" "도대체 왜 내가 모든 일을 두 번씩 말해야 하지?" "나는 여기 있는 사람들이 모두 오합지졸이란 것을 벌써 알아챘어!"

결국 당신의 분노는 직원의 행동에 대한 피할 수 없는 반응이 아니다. 다르게 말하면, 당신의 분노는 당신이 어떤 생각을 하는가에 따른 결과이다. 만약 당신이 일정표를 보고 실제로 보고서 제출 기한이 다음주라는 것을 확인하게 된다면 직원에 대한 분노는 바로 사라지게 될 것이다. 왜냐하면 당신의 분노는 그 토대를 잃어버렸기 때문이다. 사건과 당신의 감정 사이에는 언제나 당신의 평가가 존재한다. 만약 당신이 어린 시절 개에게 물린 적이 있어서 모든 개를 예측불허의 야수로 여긴다면, 꼬리를 흔드는 셰퍼드 개도 당신을 공포에 빠뜨릴 수 있다. 그러나 당신이 개를 인간의 충실한 친구로 여긴다면 동일한 사건이 당신을 기분 좋게 할 것이다. 이미 1950년대 미국의 심리학자 알버트 엘리스가 이런 연관성을 감정의 'ABC 모델'로 설명했다.

A 시작 상황	개 한 마리가 당신에게 다가온다
B 상황의 평가	주의! 개들은 위험하다
C 평가에서 파생된 감정과 행동방식	두려움

중립적인 감정이란 없다! '옳은' 혹은 '틀린' 감정도 없으며, 단지 '타당한' 혹은 '타당하지 않은' 감정이 있을 뿐이다. 실제로 당신의 직원이 보고서 제출 기한을 놓쳤다고 가정하자. 그렇다면 화가 나는 것이 타당한 일일까? 그렇게 하는 것이 당신에게 좋을까? 냉정하게 판단해서, 다른 사람의 행동이 당신의 기분을 망칠 때 어떤 일이 벌어지는가? 그럴 때 당신은 스스로를 상대방의 꼭두각시로 만드는 것이다. 즉 당신은 자신의 삶에 대한 통치권을 남에게 넘기는 것이다.

상황의 평가 뒤에는 길들여진 사고 패턴, 가치관, 규정들이 숨어 있다. 어쩌면 사람들이 당신에게 어린 시절부터 시간을 지키는 것이 최고의 예의라는 생각을 심어주었을지도 모른다. 그런 경우 당신은 전혀 권위적이지 않은 이웃의 다른 가정, 특히 시간을 정확히 지키는 것을 부차적 덕목 정도로만 여기는 환경에서 자란 동료와는 완전히 다르게 반응하게 된다. 여기서 내가 하고 싶은 말은 대부분의 직원들이 대부분의 경우에 약속한 바를 지킬 때 협동이 쉽게 이루어진다는 진부한 이야기가 아니다. 중요한 것은 당신 자신이 일상에서 어떻게 냉정함과 침착함을 유지할 수 있는가이다. 타인들의 사소한 실수와 그에 대한 분노가 당신의 일상을 망칠 수 있다는 말이다.

나는 항상 상담자들에게 충고하기를, 타인에 의해 너무 쉽게 휘둘리지 말라고 한다. 권위적인 상사들, 불쾌한 동료 직원들, 자동차 전용도로에서 뒤에 바싹 붙어 재촉하는 운전자들에게 그들이 당신을 휘두를 수 있는 힘을 주지 말라는 뜻이다. 다른 사람들이 당신의 감정을 지배하는 힘을 갖도록 허용하지 말라. 당신 자신이 그 책임자가 되어야 한다.

그렇다고 장밋빛 안경을 쓰고 무조건 '긍정적 사고'를 하라는 것이 아니라, 과잉반응을 자제하고 파괴적인 사고 유형의 흔적을 찾아보라는 것이다. 앞에 나왔던 "직원들은 내가 모는 300마리의 양들이다"라는 말도 하나의 사고 유형을 나타낸다. 그렇게 생각하는 사람은 직원과 면담을 한 후면 언제나 속이 뒤집어질 것이고, 결국 머리를 전혀 쓰지 않고 스스로 생각도 하지 않는 직원들과 일해야 할 것이다.

물론 나쁜 기분을 피할 수 없는 상황이 생길 수도 있다. 즉 감정에 휘둘릴 수밖에 없는 경우가 생길 수도 있다는 말이다. 나는 젊은 현장감독으로서 한 사업협력체의 지하공사를 책임진 적이 있었다. 각 회사의 중역과 현장감독들, 시와 철도청 직원들이 함께 모이는 대규모 회의가 예정되어 있었다. 내게는 처음으로 경험하는 현장 회의 중 하나였다. 나는 조금 긴장했다. 그런데 우리 회사 대표가 마지막 순간에 참석 불가를 알려왔다. 어쩔 수 없이 혼자 회의 장소에 도착했는데, 지상공사를 맡은 회사 대표가 문 앞에서 담배를 피우고 있다가 나를 빤히 보며 이렇게 물었다. "자네는 누군가?" "저는 지하공사를 맡은 현장감독입니다." 그러자 덩치 큰 남자는 흥분하면서 이렇게 으르렁거렸다. "나는 오직 결정권을 가진 사람하고만 대화한단 말일세!" 그리고는 돌아서서 내 앞에서 문을 쾅 닫고 사라졌다. 그때 나는 치밀어 오르는 분노를 느꼈고 그 감정을 다시 가라앉힐 때까지 한참의 시간이 필요했다. 이러한 경험들이 내가 감정이라는 문제에 대해 더 자세히 연구하게 된 계기가 되었다. 만약 내가 그 사건 전에 이미 '어린' 현장감독으로서 나이 많은 사람들로부터 무시를 당한 적이 없었다면, 그 상황에 대한 나의 생각이나 반응도 분명히 다르게 나타났을 것이다.

당신이 생각하는 모든 것을 그대로 믿지 말라!!

2장

잡을 것인가, 놓을 것인가?

결정과 전략

결정의 덫에 빠진 당신에게

'결정하다'의 반대는 무엇일까? 많은 사람들이 '결정하지 않다'라고 대답하겠지만, 어떤 사람들은 '결정을 미루다'라고 생각한다. 그러나 이는 흔히 있는 사고의 오류다. 왜냐하면 결정을 내리지 않고 게으름을 피우는 것도 하나의 결정이기 때문이다. 당신이 부인과 이혼을 했든, 직장에 사표를 냈든, 혹은 그 두 가지를 모두 그대로 놔두었든 언제나 당신이 내린 결정이었다. 당신이 늦어도 10년 후에 과거를 돌아보게 될 때는 나의 말에 동의하게 될 것이다. 우리는 결정의 덫에 빠져 있다. 매일매일.

그러나 냉정하게 생각해 보면 모든 결정은 쉽다. 먼저 가능한 선택들 중 한 가지가 분명한 논리를 가지고 있는 경우가 있다. 그런 경우 결정은 쉽다. 또는 모든 선택들이 어느 정도 동등하게 그럴듯한 논리를 가지고 있는 경우가 있다. 통상적으로 그런 결정을 '어렵다'고 느끼게 된다. 그러나 왜 그럴까? 이럴 때 당신은 주사위를 던지거나 느낌을 따라가면 될 것이다. 그래도 당신이 완전히 잘못된 결정을 내리는 일은 없을 것이다. 왜냐하면 모든 선택들이 비슷하게 장점과 단점이 있을 테니까 말이다!

회사의 중역들은 끊임없이 결정을 내린다. 그것이 그들의 업무다. 많은 중역들이 미국의 금융인인 J. P. 모건의 원칙대로 100개의 결정 중에서 51개의 올바른 선택을 함으로써 성공적으로 일하고 있다. 다음에 소개할 이야기들이 이런 옳은 선택의 확률을 조금 더 높이는 데 도움이 될 것이다.

찬반 핑퐁게임과의 이별

논쟁의 기술

"추가적으로 부텔 상사를 인수하는 건에 대해 어떻게 생각합니까?" 이사가 지점장에게 묻는다. 지점장은 오래 생각할 필요도 없다. 왜냐하면 인수란 바로 '더 많이!'를 의미하기 때문이다. 더 많은 직원, 더 많은 책임, 더 많은 예산, 더 많은 임금, 더 많은 성과급! 유일한 단점이라면, 지점의 직원들은 전혀 기뻐하지 않을 것이라는 점이다. 그들의 시각에서 보면 완전히 달라진다. 더 많은 프로젝트, 더 많은 고객, 더 많은 초과근무! 그러나 지점장이 직원들을 보트에 함께 태우지 못한다면 보트의 붕괴까지 감수해야 될지도 모른다. 그래서 지점장은 일곱 명으로 구성된 팀 회의를 소집한다.

팀원들은 이미 소문을 통해 사정을 알고 있고, 부지런히 반대 의견을 수렴하고 있다. 모두가 예외 없이 인수를 반대한다. 그런데 흔히 벌어지는 끈질긴 찬반 논쟁이 시작되기 전에 지점장은 예상치 못했던 놀라운 오프닝 질문을 제시한다. "여러분은 어떤 조건이라면 우리가 부텔 상사를 인수하는 데 동의하겠습니까?" 갑자기 찬반의 핑퐁게임 대신 전혀 다른 게임이 진행된다. 결국 인수를 찬성하는 것으로 결정이 내려진다. 물론 특정한 전제조건 하에서 말이다.

■ ■ ■

만약 내가 세미나 참가자들에게 단 세 가지의 행동 방식만 권유할 수 있다면, 어떤 경우에든 이 충고는 반드시 포함될 것이다. 절대로 다음과 같은 경솔한 질문은 하지 말라는 것이다. "X에 찬성하면 좋은 점은 무엇이고, 반대하면 좋은 점은 무엇입니까?" 더구나 당신이 어떤 결정을 내려야 할 때는 이런 질문은 금물이다. 찬성인가 반대인가의 질문을 던지면 당신은 난타전을 유발하고, 거기서 양측은 다양한 위치에 참호를 파놓고 들어앉아서 전혀 양보하려 하지 않는다. 사람들은 열변을 토하고 찬성 한 번에 반대 한 번이 이어지며 결국 당신은 당혹해하면서 커튼을 내리고 모든 문제는 미해결 상태로 남게 된다. 당신이 토론 끝에 어떤 결정을 내리고자 했다면 상황은 특히 더 어렵다. 그러므로 처음부터 예측불허의 우회로를 만들지 말라!

나는 찬반을 묻는 질문이 왜 그렇게 많은 경영진들에게 문제 해결과 결정의 최종 도구로 사용되고 있는지 이해할 수 없다. 혹시 학교에서 선생님들이 찬반 논쟁에 대한 글짓기로 학생들을 들볶으면서 그런 사고방식을 연습시켰기 때문일까? 혹시 관료주의적 상사들이 직원들을 평가하는 방식으로 활용했기 때문일까? 찬반 토론은 우리의 에너지를 해결책 찾기가 아니라 논쟁에 쏠리게 한다. 앞에 나서서 의견을 말하는 사람들도 사실은 확신이 없음에도 불구하고 대부분이 그렇듯 한번 내뱉은 입장을 끝까지 유지하려 애쓰게 되고 결국 쌍방의 합의가 힘들어진다. 누구나 공개적으로 어떤 의견을 말한 다음에는 입장을 변경해서 민망해지기보다 원래의 뜻을 굽히지 않는 쪽을 택하기 때문이다. 이론에 따르면 우리가 논쟁에서 더 훌륭한 주장에 설득된다고 하지만, 그런 이론 속에는 모두가 협조적이고 기업의 성공을 자신의 출세 욕구보다 우선시하는 것이 전제되어 있다. 그러나 현실은 다르다. 또한 사람들은 누군가에게 설득당하는 것을 그리 기분 좋게 여기지 않는다.

"새로운 소프트웨어를 구매해야 할까요? 찬성하면 좋은 점과 반대하면 좋은 점은 무엇일까요?"라고 묻는 것과 "어떤 조건이라면 소프트웨어를 구매할 수 있을까요?"라고 묻는 것은 매우 큰 차이를 만든다. 누군가 다시 진부한 찬성과 반대의 게임으로 분위기를 몰아가려 해도 고집스럽게 맨 처음 질문에 머물러야 한다. 전제조건들부터 생각하기 시작하면 전반적인 통찰이 가능해진다. 현실적인 문제들이 떠오르고, 참가자들은 각자가 져야 할 책임을 고려하게 된다. "너무 비싸요!" "너무 복잡해요!" "우리 시스템을 마비시켜요!" 이런 말들이 빠르게 나오지만 계속되지는 않는다.

당신이 찬성과 반대에 대한 이야기를 전제조건에 대한 이야기로 바꾸면 모두가 더 구체적인 것에 대해 생각하게 된다. "만약 설비 장치가 주말에 완성되어서 회사를 마비시키지 않는다면." "만약 우리가 예산 X를 넘지 않는다면." "만약 우리가 소프트웨어를 잘 사용하기 위해 반나절의 교육으로 충분하다면." 그렇게 당신은 하나의 문제가 해결되어 가는 것을 감지하게 될 것이고 직원들은 옳다고 여긴 일을 잘 하려는 의지를 갖게 된다.

마인드맵은 여러 개의 전제조건들을 적어놓고 나중에 팀원들과 함께 필수불가결한 조건들을 추려내는 데 아주 적합하다. 이런 방식으로 당신은 합의된 결정을 내릴 수 있고, 팀원들과 함께 문제 해결을 위한 가장 적합한 전제조건들을 찾아낼 수 있다. 직원 모두가 함께 의논했기 때문에 반신반의로 설득 당하거나 거수로 찬성을 표시한 경우보다 결정된 사항에 대한 만족도가 훨씬 높다.

바로 이 방법이 부델 상사의 인수 문제에도 큰 도움이 되었다. 인수 후 2년 뒤에 한 경쟁 회사가 부델 상사의 상권지역에, 말하자면 바로 회사 문 앞에 지점을 오픈했다. 나는 부델 상사의 문을 닫기로 결정했다. 직원들뿐만 아니라 경영진의 반대도 거셌다. 나에게 쏟아졌던 비난 중 가장 약한 것이 '모순적'이라는 말이었다. 내가 2년 전의 마인드맵을 다시 제시하기 전까지는 말이다. 거기에는 인수를 결정하는 '필수불가결한 전제조건들'이 쓰여 있었다. "우리는 그곳에 3년 내에 경쟁이 존재하거나 발생하지 않는다는 조건하에 부델 상사를 인수한다." 이로써 이의제기는 사라졌고, 새로운 결정을, 이번에는 매각을 위한 결정을 내리게 되었다.

> 전제조건들을 분명히 규정하는 것이 찬반 논쟁으로 서로를 소모시키는 것보다 목표 달성에 훨씬 더 유리하다.

당신은 앞에서 내가 언급한, 가장 권하고 싶은 세 가지 행동 방식

중 나머지 두 가지가 무엇인지 의문이 생겼을 것이다. 이 책의 30번째(177쪽)와 50번째(277쪽) 이야기에 그 해답이 있다. 지금 바로 가서 확인해도 좋고 순서대로 읽어나가도 좋을 것이다.

두더지를 어떻게 잡을까?

갈등의 중재

두 명의 프로젝트 책임자들은 지금까지 함부르크 항구의 중요한 건설 프로젝트를 위해 훌륭하게 협력해 왔다. 그런데 어느 날부터인가 상황이 달라졌다. 즉 두 사람 사이에 논쟁이 끊이지 않았다. 물론 '객관적인' 이유는 늘 있다. 한 사람의 서명이 빠져 있었고, 그래서 어떤 방식이 적시에 활용되지 못했다고 불평한다. 다른 한 사람은 여기에 대한 복수로, 하청기업과의 문제에 대해 예전처럼 적극적인 중재자의 역할을 하지 않는다. 팀은 더 이상 작업을 수행할 수 없다. 이제 무슨 일이 벌어질 것인가?

화합과 전쟁의 기로에서 크리스마스 파티가 열린다. 그것도 처음으로 아내들을 동반한 모임이다. 그런데 여기서 프로젝트 책임자 한 명이 다른 책임자의 부인을 그윽한 시선으로 바라본다. 이런 모습은 그의 부인도, 다른 책임자도, 그리고 함께 있던 나머지 사람들도 모두 감지할 수 있을 정도이다. 더 이상 파티의 즐거움은 없다!

그 일이 있은 후 사장은 당황스럽다. 그는 결코 크리스마스 파티에서의 올바른 행동이나 동료 부인을 유혹하는 일 따위의 이야기를 입에 올리고 싶지 않다. 사실 공개적으로는 아무런 일도 일어나지 않았다. 마침내 그에게 우연한 기회가 주어진다. 두 명의 프로젝트 책임자들이 본사에 가야 하는 일정이 생긴 것이다. 소위 '비용 문제'로 두 사람이 함께 자동차로 그곳으로 오라는 사장의 요구가 전달된다. 두 사람은 어쩔 수 없이 거의 네 시간 동안 함께 자동차를 타고 가면서 마음속에 쌓였던 분노를 폭발시킨다. 그후에 두 사람은 오히려 다시 함께 일할 수 있었다.

■ ■ ■

갈등은 실제로 두더지와 같다. 우리는 그것의 실체를 보는 것이 아니라, 그것이 야기한 결과만을 보게 된다. 즉 땅속의 두더지가 아니라 두더지가 판 땅굴 때문에 위로 솟은 풀밭의 흙더미만 보이듯, 위와 같은 경우 난데없이 더 이상 협력이 되지 않는 두 개의 팀이 보일 뿐이다. 이럴 때 사람들은 눈에 보이는 '벌어진 일'에만 관심을 갖는다. 하지만 보이지 않는 땅 속에서는 상처 입은 감정, 말하지 못한 욕구와 각기 다른 이해가 뒤섞여 요동치고 있다.

당신은 이런 상황을 정확히 표현하는 말인 '빙산 모델'(눈으로 볼 수 있는 빙산은 적지만 그 아래에는 우리가 볼 수 없는 거대한 빙산이 숨겨져 있음을 뜻함 - 옮긴이)에 대해 들어보았을 것이다. 숨겨져 있는 바닥이 밖으로 드러나지 않는 한, 갈등은 결코 사라지지 않는다. 당신은 어쩌면 중역으로서 마치 취미삼아 하는 서툰 정원사처럼 두더지가 파헤친 흙더미를 대충 덮어 매끈하게 만들 수는 있다. 그러나 그런 식으로 한다면 흙더미는 다른 어딘가에서, 특히 당신이 전혀 생각지도 못한 곳에서 다시 튀어나올 것이다. 그리고 그렇게 생긴 새로운 흙더미는 심지어 더 커다랗다.

많은 중역들에게 갈등이란 대형 기계설비의 고장, 일상이라는 기어에 들어간 모래와 다르지 않으며, 그들이 최대한 관여하고 싶지 않은 일이기도 하다. 그런 생각에서부터 이미 문제가 시작된다. 왜냐하면 갈등은 일상이기 때문이다! 갈등은 예외적인 일이 아니다. 각기 다른 경험, 가치, 사고방식을 가지고 있고, 회사에서 각자 잘 해내야 하는 서로 다른 사람들 사이에서 갈등이 생기지 않는 것이 오히려 이상한 일이다. 진정한 경영이란 화합이 중단된 곳에서 시작된다. 만약 모두가 한 마음이고 아무런 마찰 없이 협력이 이루어진다면 무엇을 위해 당신이 필요하겠는가?

그럼에도 불구하고 많은 간부들이 직원들의 갈등을 성가시거나 껄끄러운 것으로 여긴다. 그래서 그들은 흔히 갈등을 간과하려 하거나 대충 얼버무려 덮어버린다. 결국 갈등이 연기를 내며 타들어가게 만들어놓고는 커다란 폭발만 일어나지 않기를 바란다. 그러나 갈등도 분명히 긍정적인 측면을 지니고 있다. 유명한 사회학자인 랄프 다렌도르프는 저서 《호모 소시오로기쿠스》에서 이렇게 말했다. "갈등은 자유다. 왜냐하면 현대라는 악명 높은 불확실성의 세계에서는 갈등을 통해 비로소 의견의 다양성과 각기 다른 인간들의 이해관계와 희망이 표현될 수 있기 때문이다."

또 갈등 전문가인 게르하르트 슈바르츠는 갈등이 "차이를 줄여주고, 변화를 보장하며, 공통점을 만들 수 있다"고 주장했다. 성공적으로 극복한 갈등만큼 무엇인가를 더 단단히 붙여주는 것은 없다. 슈바르츠는 갈등 해결의 6가지 기본 유형에 대해 설명했는데, 나는 세미나에서 이것을 다음과 같이 정리해 소개하고 있다.

<table>
<tr><td rowspan="6">상승발전↑</td><td rowspan="6">재발↓</td><td>의견 합의</td><td>양쪽이 다 옳고, 양쪽이 서로에게 의존적이며 상반된 이해관계를 대변하고 있다. 그리고 당사자들이 함께 양쪽이 받아들일 수 있을 만한 해결책을 찾는다.</td></tr>
<tr><td>타협</td><td>양쪽이 양보한다.</td></tr>
<tr><td>위임</td><td>결정이 제3자에게 넘어간다. 예를 들면 재판.</td></tr>
<tr><td>복종</td><td>더 약한 자가 승복한다. "죽는 것보다는 노예가 되겠다."</td></tr>
<tr><td>말살</td><td>더 강한 자가 자신의 뜻을 관철시킨다. "노예가 되느니 차라리 죽겠다."</td></tr>
<tr><td>도피</td><td>최소한 한 쪽은 갈등에서 벗어난다.</td></tr>
<tr><td colspan="2">본능적</td><td></td><td></td></tr>
</table>

갈등 해결의 다양한 형태들이 위계적인 순서로 적혀 있지만 가치판단과는 상관이 없다. 어떤 해결 모델이 좋을지는 상황별 활용 가능성에 따라 달라지기 때문이다. 만약 당신이 어느 저녁 어두운 골목에서 폭력적인 젊은 깡패들과 마주친다면 아마도 합의를 이끌어내려는 시도보다는 도피가 더 나은 선택이 될 것이다. 그런데 당신이 다리에 깁

스를 한 상태였다면 복종의 형태가 추천할 만하다. 당신이 지갑, 시계, 그리고 스마트폰을 내놓는다면 코는 깨지지 않고 빠져나올 수 있을 것이다.

기업에서의 갈등 양상은 흔히 이렇다.

- **관계의 갈등** 위 사례에 소개된 두 프로젝트 책임자들의 경우처럼.
- **목표의 갈등** 갈등의 당사자들이 반대의 목표를 추구한다. 예를 들어 판매부는 신제품을 빨리 시장에 내놓으려 하고, 개발부는 우선 상품을 정확히 테스트하려 한다. 혹은 직원들은 휴가를 원하고, 사장은 중요한 프로젝트를 따내려고 한다.
- **분배의 갈등** 당사자들이 하나의 제한된 상품을 놓고 경쟁한다. 예를 들어 두 명의 동료가 똑같은 직책에 신청서를 낸다. 혹은 두 명의 생산부 매니저들이 각자 최대한 많은 홍보 예산을 얻으려고 한다.
- **판단의 갈등** 당사자들이 한 문제를 서로 다르게 판단한다. 예를 들어 한 중역은 A라는 광고대행사에게 새로운 웹사이트를 맡기고 싶은데, 그의 동료 중역은 B라는 광고대행사를 선호한다. 혹은 비용을 절감해야 하는 상황에서, 한 중역은 인원을 줄이려 하고, 다른 중역은 차라리 조업단축을 하려 한다.

양측이 서로 직접적인 의존관계에 있을 때 비로소 진정한 의미의 갈등이 일어나게 된다. 만약 앞의 사례에서 프로젝트 책임자가 구내 식당 주인의 부인과 시시덕거렸다면, 아마도 사람들은 더 이상 그에게 다정한 인사를 하지 않을 것이다. 그러나 이런 일 때문에 회사 내에 중요한 갈등이 생기는 경우는 거의 없다. 양쪽의 당사자들이 일로 얽혀 있고 서로의 행동 변화를 요구함으로써 비로소 하나의 사건이 폭탄으로 변한다.

서로 관련성이 적은 홍보부 부장과 개발부 부장이 긴축방법에 대해 서로 다른 입장을 보인다면, 그것은 단지 의견 차이일 뿐이다. 갈등이란 당사자들이 함께 무엇을 정해야 하는데 양쪽 모두 자신의 입장을 굽히지 않을 때 비로소 발생한다. 예를 들면 개발부는 반품을 피하기 위해 지속적인 생산품 검사를 주장하고, 판매부는 중요한 경쟁상품의 시장 유통 시기를 앞당기는 데 관심이 있을 때처럼 말이다. 그런 경우 합의, 즉 양쪽의 이해를 고려하는 타협이 갈등을 해결하는 최고의 기술이다. 이런 기술은 양측이 기존의 입장만을 고집하지 않고 함께 해결 방법을 모색할 준비가 되어 있을 때 가능하다. 이때 갈등 해결의 출발점으로서 명상에서 쓰이는 단순한 질문이 매우 유용한 것으로 입증되고 있다. "왜 그것이 당신에게 중요한가?"

이 질문을 통해 비로소 각자의 입장 뒤에 숨겨진 욕구가 드러나게 된다. 흔히 우리는 자신의 주장에 대한 근거가 확실하다고 일방적인 결론을 내린다. 그러므로 위의 질문을 통해 해명의 단계에 들어서기 위해서는 갈등의 당사자들이 다른 사람의 안경을 통해 문제를 바라보고 그 사람의 입장에서 생각해 보려는 — 이것은 결국 자연스러운 합의를 의미하는데 — 의지가 있어야 한다. 각자 자신에게 무엇이 중요한지 소리 내어 말할 수 있게 됨으로써 끓는 주전자로부터 김이 빠지고 해결 방법을 위한 모색의 길이 생긴다. 이때 더 많은 가능한 방법들이 모일수록, 더 빨리 창의적인 해결의 아이디어가 떠오른다. 그러므로 가능한 해결책들을 성급하게 평가하지 말아야 하며, 한 사람이라도 긍정적으로 여기는 방법은 모두 기록하는 것이 좋다. 그 다음에 비로소 결정을 내리게 되는데, 이때 최종적으로 결정된 방법이 잘 실행되기 위해서는 무엇보다도 '합의'가 중요하다.

이를 정리하면 다음과 같다.

1. 해명의 단계 : 상대방 입장 뒤편 바라보기
무엇 때문에 그것이 당신에게 중요한가?

⇩

2. 가능한 해결책 모으기
문제 분석부터 가능한 해결책 찾기까지의 여정
관대함 연습하기 / 언급된 모든 방법을 기록하기

⇩

3. 결정 단계
해결책 선택하기
방법 : 합의, 투표, 권위적 방식(사전 통고 후에)

당신이 상사로서 중재자 역할에 끼어들 것인지, 이 역할을 외부의 중재자에게 위임할 것인지, 혹은 이 문제에서 빠질 것인지는 상황이 얼마나 빠르게 진행되는지, 그리고 해당 팀들이 얼마나 성숙한지에 달려 있다. 어쩌면 당신은 이와 같은 본질적 갈등 해결이 위로부터의 간결한 결정보다 시간과 돈이 더 많이 든다고 여길지도 모른다. 그러나 장기적으로는 근본적인 해결책이 시간과 에너지를 절약하게 만든다. 끊임없이 생기는 두더지 흙더미를 쫓아다니는 것보다는 두더지를 잡는 것이 훨씬 더 현명하지 않은가?

희망이 없어 보이는 상황에서 합의 결정을 이루어낸 한 사례로, 마을 도로의 보수공사 때문에 격렬하게 시위했던 한 마을의 이야기가 있다. 마을 사람들은 소음과 쓰레기가 참을 수 없을 정도로 심하고, 특히 수 톤의 흙을 싣고 쓰레기 하차장으로 운반하는 여러 대의 화물차들 때문에 견디기 힘들다고 불평했다. 건설 책임자였던 나와 시장은 서로의 이해관계를 해명한 후에 빠르게 참신한 해결책을 찾는 데 성공했다. 시장은 가능한 한 빨리 시민들을 만족시켜 자신의 재선에 대비하고 싶어 했다. 건설사는 공사 기간을 지키고 싶었으며, 양쪽 모두 추가 비용을 원하지 않았다.

가능한 해결책들 중에는 '짧고 강하게' 방법(건설사가 밤낮으로 작업해서 공사 기간을 단축하고 주택과 자동차의 소독과 세척 비용을 부담한다), 지방자치단체가 2만 유로를 부담해야 하지만 흙을 파내지 않는 대안적인 방법, 그리고 — 유레카! — 모든 사람들에게 이득이 되는 천재적인 방법이 있었다. 즉 흙더미를 마을 한가운데를 통과하여 쓰레기 하차장으로 운반하는 대신, 자치단체와 근접해 있는 들판 위에 썰매 언덕을 만드는 것이었다. 지형적으로 깊숙한 평지에 사는 이 지역 어린이들을 위해서도 좋은 일이었다. 이 방법은 심지어 경비를 절감시키고 건설사와 시장에게는 좋은 홍보가 될 수 있었다.

회사에서 어떤 결정이 합의, 조정, 혹은 상사의 선택 중 어떤 방법을 통해 이루어질 것인지는 처음부터 모두에게 분명히 통보해야 한다. 그래야만 최종 결정이 새로운 불만을 유발하지 않는다. 어떤 결정이 지속적으로 업무에 영향을 끼치는 사안이고 모든 사람들이 감당해야 하는 경우라면 합의를 이끌어낼 수 있도록 노력해야 한다. 그러나 예를 들어 다음번 야유회 장소에 대한 안건이라면 투표도 좋은 방법이다.

그렇다면 갈등 해결을 위한 모든 과정에서 가장 어려운 일은 무엇일까? 그것은 가능한 해결책을 머리로 짜내는 일이 아니다. 사실 많은 사람들이 갈등 초기의 분노가 지나간 후에는 놀라울 만큼 창의적으로 변한다. 가장 어려운 일은 다른 사람의 입장과 요구에 차분히 귀를 기울이는 일이다. 즉시 평가를 내리거나 이의를 제기하지 않고 말이다. 학습과 소통 전문가인 페라 F. 비르켄빌은 이러한 딜레마를 매우 교육적인 비디오에서 정확하게 표현하고 있다.

> **비르켄빌의 제안** 하나가 될 수 없는 곳에서는 서로 다투지 말고 둘임을 인정하라. 즉 다른 사람은 그것을 다르게 볼 수 있다. 그러므로 자주 물어보라. "당신은 그것을 그렇게 보시는군요. 그렇다면 제 입장을 말해도 될까요?"

그렇게 함으로써 두 섬 사이에 다리가 놓일 가능성이 높아진다.

갈등은 흔히 사람을 감정적으로 격하게 흔들어 댄다. 왜냐하면 이런 상황에 대한 책임을 갈등의 상대에게 돌리기 때문이다. 그러나 해명 단계에서 상대의 이야기를 듣다 보면 흔히 자신의 판단이 근거가 없는 것으로 나타나곤 한다. 당신이 중역으로서 직원들의 갈등에 관여할 것인지 혹은 당사자들 스스로 해결하게 할 것인지는 잘 생각해야 한다. 패배가 확실한 대화는 시작하지 않는 법이다. 이런 점은 앞의 이야기에 나오는 두 명의 프로젝트 책임자들에게도 해당된다. 만약 그들이 직접 문제를 해결하기 위해 부인을 포함하여 삼자대면을 했다면 한 남자의 체면 손상이 예상된다. 그렇게 되면 사건은 사장에게 더 큰 부담이 될 것이다. 만약 사장이 생각해 낸 장거리 자동차 여행의 묘책이 제대로 효과를 발휘하지 못했다면, 외부 중재자의 개입도 좋은 방법이었을 것이다.

가능성 안에서 생각하는 것이 창의성으로 가는 첫걸음이다.

피로스의 승리

웅변의 전술

회사가 한 고객과 심각한 갈등을 겪고 있다. 사건이 법정으로 가기 전, 마지막 합의를 위해 양측이 중립 지역에서 만난다. 열두 명에 이르는 고객 측 직원 중에는 젊고 공격적인 여성 변호사도 있다. 회사 측에서는 지점장과 최고의 변호사가 참석한다. 협상은 마치 심문처럼 시작된다. 15분 동안 회사 측 두 사람을 향한 여성 변호사의 질문과 충고가 계속된다. "왜 당신들은 ~하지 않았나요?, 도대체 당신들은 언제 ~하실 건가요? 당신들은 실제로 ~에 대해 생각해 보셨나요? 어째서 ~이 실시되지 않았나요? 당신들이 그렇게 대처하다니 믿을 수 없군요. 그러나 당신들은 ~이라는 사실을 알고 있어야 합니다!"

여성 변호사의 질문이 끊임없이 이어진다. 지점장과 그의 변호사는 이러한 무차별적인 공격이 계속되는 동안에도 조용히 앉아 가끔씩 우호적으로 고개를 끄덕인다. 마침내 고객 측의 여성 변호사가 혼란스러운 듯 말을 중단한다. "당신들은 전혀 아무 말도 하지 않는군요!" 회사 측 변호사는 조용히 주변 사람들을 바라보고 나서 이렇게 대답한다. "우선, 당신의 17번 질문에 대한 대답은 '네'입니다." 테이블에 모여 있던 사람들이 웃음을 참아가며 쿡쿡거리고, 고객 측 변호사의 얼굴이 빨갛게 달아오른다. 실제로는 서로 화해적으로 합의가 이루어진다. 다만 사람들은 이 여성 변호사를 다른 상황에서는 다시 만나지 않기를 바랄 뿐이다.

■ ■ ■

기원전 279년 에페이로스의 왕 피로스는 아우스쿨룸에서 로마군과 싸워 이겼지만, 다음과 같이 말할 정도로 엄청난 손실을 입었다. "한 번만 더 이렇게 이긴다면 우리는 완전히 망할 것이다!" 거의 2,300년이 지난 지금도 우리는 짧은 승리로 비싼 대가를 치르게 될 때 '피로스의 승리'라는 말을 한다.

혹시 당신은 누군가에게 공개적으로 모욕감을 준 적이 있는가? 만약 그렇다면 그 사람은 당신을 결코 용서하지 않을 것이다. 당신에게도 언젠가 학교에서 반 전체 아이들이 보는 앞에서 당신을 웃음거리로 만들었던 선생님이 있었는가? 누구에게나 그런 선생님이 있었을 것이다. 그리고 그런 기억은 아주 오랫동안 생생하게 남아 있다. 20년, 30년, 아니 50년이 지나도 말이다.

다행스럽게도 우리는 더 이상 그 분노한 변호사와는 엮일 일이 없었다. 만약 그런 기회가 다시 생겼다면 그녀는 아마도 자신이 당한 모욕을 되돌려주기 위해 모든 기록을 다 들이댔을 것이다.

물론 회사에서 벌어지는 사업적인 협상이나 회의가 화기애애한 친목 파티는 아니다. 그러나 장기적으로 볼 때 불공정한 전술은 피하는 것이 현명하다. 당신은 전투적이고 공격적인 웅변술을 이용해 말싸움에서는 이길 수 있을지 몰라도 전쟁 자체는 패배할 수도 있다. 고전적인 웅변의 전술에는 이런 것들이 있다.

- **누군가를 우습게 만든다.** (위의 사례를 보라) "네, 맞습니다. 지구는 원반형이에요!" "당신은 아직도 산타클로스를 믿고 있군요?"
- **인신공격** "어떤 멍청한 놈이 당신에게 그런 말을 해서 마음을 뒤흔들어 놓았나요? 아마 당신에게는 쓰레기나 오물 같은 것도 팔 수 있을 겁니다!"
- **능력 깎아내리기** "당신이 나처럼 오래 회사에 있게 되면 아마 다르게 보일 것입니다." "경영학자인 당신은 당연히 알 수 없을 것입니다."
- **비방하기** "당신은 오로지 이익이 되는 일에만 관심을 두고 있군요!", "우리가 이제 정말 사실에 대해서 말할 수 있다면……."
- **권위적으로 무마하기** "우리는 지금 여기서 '소원을 말해봐' 게임을 하고 있는 것이 아닙니다!" "나는 정말로 더 중요한 할 일이 있습니다!" "나와 관련짓지 마세요!"

이외에도 웅변술의 다양한 활용 사례는 무궁무진하다. 아마 당신도 대화라기보다는 언어적 무기라고 해야 할 몇 가지 사례가 떠오를 것이다. 또한 많은 찬사를 받은 전술로서 강한 공격을 더 강한 공격으로 방어하는 경우도 있다. “당신이 내 남편이라면, 나는 당신이 마시는 차에 독을 넣을 겁니다”라고 영국 최초의 여성 하원의원이었던 아스토 여사가 한 저녁식사 자리에서 윈스턴 처칠에게 말했다. 이에 처칠은 “만약 당신이 내 아내라면, 나는 그 차를 마셔버리겠습니다”라고 응수했다. 이로써 두 사람의 티타임은 무산되었다.

또한 불공평한 공격을 방어할 때는 냉정함을 유지하는 것과 반대 질문이 유용하다(“당신은 그것을 어떻게 아시나요?”, “당신이라면 그 문제를 어떻게 처리하시겠습니까?”). 필요한 경우에는 상대의 전술 명칭을 언급해도 좋다(“당신은 지금 인신공격이 우리에게 도움이 된다고 생각합니까?”). 반대로 우리가 세미나에서 ‘작은 자갈들’이라고 부르는, 작지만 날카롭고 치명적인 말들은 피하는 것이 좋다. 그런 말들은 본의 아니게 우리 입 밖으로 순식간에 나오는 경우가 있는데, 이런 말은 전쟁 상황을 불필요하게 더 적대적으로 만든다. 물론 당신에게는 이런 일들이 일어나지 않을 것이다! 여기 조심해야 할 몇 가지 사례들이 있다.

“당신은 착각하고 있어요!” “그것은 핵심에서 벗어나는 말이에요.”	“제발 좀 그 일을 사적으로 받아들이지 마세요.” “멍청한 소리!” “말도 안 돼!”	“냉정히 보면 그건 ~입니다.” “당신이 잘못 생각하고 있어요.”

당신이 이기는 모든 논쟁과 더불어 당신을 미워하는 적의 숫자도 증가한다.

정글에 누구를 데려갈까?

내게 꼭 필요한 직원

현장감독은 현장으로 가는 길에 구입한 지 얼마 지나지 않은 자기 차의 운전대를 신입 수습사원에게 맡겼다. 그런데 지금 그는 편안하게 무릎 위에 놓인 서류를 읽는 대신 차가 커브를 돌 때마다 시트를 꼭 붙잡고 있다. 그는 신중하지 못했던 것이다. 그는 진작 수습사원의 경향을 파악하고 이런 상황을 예상할 수 있어야 했다. 과감한 행동, 기록 갱신의 스포츠 애호가, 간결하고 힘 있는 말투.

그럼에도 불구하고 이 자동차 경주 같았던 운전은 수년간 지속된 우정의 시작이 되었다. 수습사원은 능력 있고, 백퍼센트 충직하고, 추진력이 강한 사람이었다. 현장감독은 출세를 했고, 관리직에 올랐고, 최종적으로 다른 기업의 이사가 되었다. 그는 언제나 그 수습사원에게 관심을 두고 있었다. 이 자동차 경주 선수는 융통성이 부족해 때때로 사람들과 부딪쳤다. 결국 지점장까지 올랐지만 머지않아 해고 위기에 몰리게 되었다. 그가 너무 고집스럽다고 직원들이 불평을 했던 것이다. 그래서 예전의 상사가 이 까칠한 옛 부하직원을 새로 옮긴 자신의 회사로 데려가자 그쪽 회사는 부담을 덜었다.

그런데 2년 뒤에 그쪽 회사 직원들의 불만이 다시 쏟아져 나왔다. 자동차 경주 선수의 후임으로 온 지점장은 더 호의적이고 더 인간적인 사람이었다. 문제가 있다면, 이 지점의 재정이 매우 어려워졌다는 것이다.

■ ■ ■

만약 내가 정글 속으로 떨어질 수밖에 없다면, 나는 내 친구 프랑크와 같은 사람을 데리고 가고 싶다. 내가 믿고 의지할 수 있는 사람, 행동하고 불평하지 않는 사람, 나에게 없는 능력을 가진 사람. 비행기 추락을 상상하는 이런 게임이 언뜻 들리는 것처럼 그렇게 엉뚱한 일은 아니다. 오늘날 대부분의 분야에서는 치열한 경쟁이 지배하고 있다. 온갖 변화들이 점점 더 빨리 우리에게 밀려들고 20세기보다 훨씬 더 앞을 내다보기가 힘들어졌다. 그래서 많은 시장이 정글에 비유되곤 한다. 그러나 정작 많은 기업들이 남다른 강점과 지식으로 무장한 팀을 정글 탐험에 보내는 대신에 불안한 진부함 속에 안주하고 있다. 많은 분야에서 획일성의 압박이 너무 커서 마치 직원들이 한밤에 지하실에서 인공 배양되는 것과 같은 인상을 받을 정도다. 누구든 아침 출근 시간에 대도시의 금융가 사거리에서 신호를 기다리며 서 있는 비슷비슷한 직장인 무리를 본 적이 있다면 내 말 뜻을 이해할 것이다. 어쩌면 금융 위기라는 것도 기업의 직원들이 동일한 눈가리개를 하고 있었기 때문에 발생했을지도 모른다.

유치한 공격이라고 생각하는가? 그렇다면 나는 기꺼이 학술적으로 바꾸어 표현해 보겠다. 하버드 대학 교수인 로저베드 모스 캔터는 기업에서의 '동성사회적 재생산'에 대해 언급했다. 같은 성별의, 비슷한 성향의 사람들이 서로 모이게 된다는 뜻이다. 우리는 본능적으로 나와 비슷한 사람, 비슷한 의견을 가진 사람, 그리고 '코드가 잘 맞아서' 나를 쉽게 만족시키는 사람에게 호감을 느낀다. 다름슈타트의 사회학자이며 엘리트 연구가인 미하엘 하르트만에 따르면 경영, 행정, 그리고 정치 분야의 지도층에게서는 비슷한 '특유의 냄새'가 나는데 이들은 자신과 동일한 기질을 지닌 사람들을 선호한다. 그래서 특정한 중상류층 사람들은 지속적으로 같은 계층 사람들 사이에 머물게 된다. 이러한 유사성의 선호는 의식적으로 일어나는 것이 아니며, 지극히 인간적인 일이기도 하다. 당신이 파티에 가면 어떤 사람들과 즐겁게 대화를 나누게 되는지 주의를 기울여보라. 당신의 견해, 관심, 경험을 공유하는 사람인가, 아니면 그 모든 것을 의문시하는 사람인가? 대부분의 사람들은 후자와 같은 이상한 사람들을 피해 음식이 있는 쪽으로 도망칠 것이다.

내가 관찰한 바에 따르면 많은 경영진이 자신처럼 행동하고 자신과 비슷하게 생각하는 사람들을 고용한다. 그렇게 하는 것이 악명 높은 '선동가' 혹은 '문제아'와 함께 있는 것보다 훨씬 더 조용하고 수월하게 지낼 수 있기 때문이다. 회사와 맞지 않는 사람은 자신을 회사에 맞추거나, 아니면 오래 머물지 않고 떠난다. 그 결과 획일 문화가 형성되고, 다채로운 인물이 존재하는 경우보다 새로운 환경에 훨씬 더 취약한 모습을 드러낸다. 또한 획일적 문화에서는 새로운 아이디어와 개혁적인 해결책이 싹트기 어렵다. 그런 것들은 공동의 습관과 경험이라는 두꺼운 지붕 때문에 질식되고 만다. 나는 인사 결정을 할 때 다음과 같은 방식으로 좋은 결과를 얻었다.

- 나의 편애를 의식하고, 이것을 비판적으로 반영한다.
- 경우에 따라서는 기업 내에서 관습적인 것들을 무시한다.
- 내가 그다지 잘하지 못하는 부분에 강점을 지닌 사람을 주시한다.
- 평탄한 인생 흐름과 좋은 성적을 채용의 주요 기준이라고 믿지 않는다.

나의 직원인 한 현장감독은 청년 시절에 부모님 농장에서 한 쪽 팔을 잃었다. "외팔이 현장감독? 당신은 그런 일을 할 수 없습니다!"라고 회사에서는 말했다. 하지만 나는 확신했다. 이런 핸디캡을 갖고도 대학 공부를 마치고 면접에 오기까지 스스로 싸워온 사람이라면 건설 현장에서도 아주 잘 해낼 것이라고 말이다.

또 다른 지원자는 젊은 폴란드인이었는데, 전화도 없이 면접에 세 시간이나 늦었다. 이런 사실은 내 비서와 미래의 동료들에게도 알려졌다. 지원자는 모험 넘치는 변명들을 늘어놓았다(자동차가 고장 났고, 핸드폰 배터리가 없었다는 등). 모두에게 분명했다. "무책임해! 그리고 도대체 왜 폴란드인이 동부 독일의 마을에! 그런 경우가 잘 된 적은 없어!" 이런 모든 상황에도 불구하고 나는 그를 고용했다. 왜냐하면 그 일을 간절히 원하는 사람이었기 때문이다.

두 지원자 모두 나를 실망시키지 않았다. 나는 다른 많은 밋밋한 인생 여정과 우수한 성적을 지닌 후보자들보다 이들과 기꺼이 정글 속에 떨어질 것이다. 폴란드인 직원은 훗날 내가 폴란드 시장을 개척하는 데 큰 도움을 주었다. 그리고 지각을 했던 이유에 대해 고백하기를, 면접 당일 자신에게 돈이 한 푼도 없어서 빌린 자동차에 기름을 채울 수도, 전화를 걸 수도 없었다고 한다.

지나친 획일화는 회사를 약하게 만든다.

의견 불일치에 대한 찬사

이의제기의 유용함

한 건설 프로젝트를 기획하며 기업 대표와 지방자치단체 대표는 빠르게 의견 합의에 도달한다. 12미터 높이의 댐을 짓고 그 위로 도로와 다리를 놓을 것이다. 계획된 댐 근처의 작은 시내에 대해서는 아무도 별다른 생각을 하지 않는다. 그 작은 시내는 200미터 이상 떨어져 있기 때문이다. 이 순조로운 합의를 방해하는 사람은 아무도 없다. 입사한 지 8주밖에 되지 않은 수습사원 프랑크가 마을 술집에서 들은 이야기를 보고하기 전까지는 말이다. 그가 전하는 말에 따르면 1920년대 경제 위기의 시기에 무서운 홍수가 일어났고, 그때 작은 시내가 거대한 바다로 변했다고 한다. 마을 노인들은 그 일을 잘 기억하고 있었고 자주 그들의 부모와 조부모로부터 이야기를 들었다고 했다. "제가 조사를 해보았는데, 80년 전에 여기 수위가 7미터까지 올라갔다고 합니다!"

사실 회사 측에서는 이런 이야기를 누구에게도 듣고 싶지 않다. 더구나 20대 초반의 애송이로부터는 특히 더! "다 어리석은 얘기야!" 경험이 많은 직원 한 명이 말한다. 그러나 수습사원은 포기하지 않고 자신의 의견을 보고서로 만들어 다시 제출한다. 회사는 어쩔 수 없이 형식적으로 자치단체에 이런 사항을 알리지만, 자치단체 대표도 신입사원의 의견을 무시한다. "다 지난 일입니다!"
몇 개월 후, 예정된 완공일 며칠 전에 사람들은 거의 완성된 댐 위에 다시 모인다. 모두가 고무장화를 신고 있다. 물이 현장감독과 시장의 발 주변까지 차올라 있었다. 이 21세기의 첫 번째 '세기의 홍수'는 몇 가지 점에서 80년 전의 범람을 능가한다. 마을 주택들의 지붕이 거대한 바다 속에 거의 잠겨 있다. 그제야 모두의 의견이 일치한다. 댐은 홍수에 안전하지 않으며 돈과 시간을 더 들여서라도 개축해야 한다. 건설회사 측이 사전에 '예측할 수 없는 일'에 대해 서면으로 알림으로써 안전장치를 해놓았던 것은 얼마나 잘한 일인가? 한 고집 센 수습사원 덕분이었다.

■ ■ ■

당시에 수습사원이었고 훗날 지점장이 된 프랑크가 이 사건 이후에 '소박한 작은 시내'에 대해 자신이 쓴 보고서를 틀에 넣어 침대 위에 걸어놓았다고 해도 나는 놀라지 않을 것이다. 그렇게 하는 것이 그에게 어울릴 일이다. 사실, 위 이야기에서 결정을 주도했던 사람들의 순진함에 대해 히죽거리며 웃는 것은 쉬운 일이다. 나중에야 모두가 더 현명해진다.

그러나 가슴에 손을 얹고 생각해 보자. 업무 처리에서 어떤 것이 당신에게 더 좋은 일이겠는가? 빠른 의견 합의? 아니면 결정 과정을 지연시키고 추가적인 정보 제공을 요구하는 의견의 불일치? 순식간에 모두의 의견이 하나가 될 때, 우리는 흔히 그것을 좋은 결정의 징후로 평가하고 싶어 한다. 그런 평가를 내린 다음에는 어떻게 해야 가장 좋은지가 지극히 분명하고 명백해진다. 이때 빠른 합의는 각기 다른 원인들을 지니고 있다. 즉 편안함, 타협의 압박, 공동의 눈가리개, 무관심, 시간 부족, 카리스마 넘치는 경영진에 대한 맹목적 신뢰. 알베르트 아인슈타인은 언젠가 냉소적으로 "어느 양떼의 결점 없는 일원이 되기 위해서는 무엇보다도 우리가 양이 되어야 한다"고 말했다.

그럼에도 불구하고 의견의 불일치, 의견의 다양성은 부정적인 이미지를 가지고 있다. 의견 불일치는 다 된 밥에 재를 뿌린다. 우리 의견에 동의하는 사람을 순간적으로 현명하고 호의적이라고 생각한다. 이의를 제기하는 사람은 우리의 주권을 위협한다고 여긴다.

우리에게는 객관적인 논쟁을 차분히 경청하고 진지하게 고려할 수 있는 능력이 있는가? 혹은 반대 의견을 자동적으로 인신공격이라고 평가하지는 않는가? 공개적으로 남과 다른 의견을 가진 사원들을 선호한다는 기업에서도 실제로는 흔히 '브레이크를 거는 사람'과 '걱정거리를 만드는 사람'을 좋아하지 않는다. 그러나 우리는 의견 불일치를 긍정적으로 받아들여야 한다. 한 그룹의 일원들은 의견 합의가 이루어지지 않을 때 더 집중해서 토론하게 된다. 거기에서 더 많은 정보들이 나오며, 더 많은 대안들이 고려되어, 최종적으로 흔히 더 나은 결정이 내려진다. 건설적인 토론의 전제조건은 자유롭고 공평한 분위기의 조성이다.

만약 당신이 중요한 문제들을 근본적으로 잘 파악하고 그 다음에 비로소 결정을 내리고 싶다면, 각기 다른 의견들을 격려하고 건설적인 논쟁 문화를 만드는 것이 큰 도움이 된다. 이것을 구체적으로 정리하면 다음과 같다.

- 반대하는 입장을 거칠게 무마하거나 심지어 우습게 만들지 말라.
- 당신이 생산적인 토론을 원한다면, 처음부터 바로 당신의 입장을 공개하지 말라. 대부분의 직원들이 빠르게 상사의 의견을 따르게 될 위험이 생긴다.
- 직원들로 하여금 하나의 문제를 여러 측면에서 바라보도록 확실하게 유도하라. 이미 언급된 장점들에 대해 어떤 이의제기가 가능한가? 최악의 경우에는 어떤 일이 일어날 수 있는가?
- 당신의 팀 안에 예스맨들만 존재하지 않도록 하라.
- 경우에 따라서는 외부적인 자극을 활용하라. 예를 들어 외부 전문가나 컨설턴트를 토론에 참여시킨다면 기업의 타성으로부터 당신을 보호해 줄 수 있을 것이다.

물론 당신은 모든 일상적 결정에서 악마의 대변인이 되거나 합의 불발을 선동할 필요는 없다. 또한 당신이 조용한 공간에서 천천히 혼자 결정을 내렸던 사안들에 대해서는 의도적으로 토론을 유도할 필요가 없다. 그러나 그룹의 참신한 아이디어가 필요한 매우 중요하고 복잡한 문제의 경우에는 의식적으로 다양한 입장들이 논의되고 활발한 이의제기가 이루어지도록 이끄는 것이 현명하다. 이런 토론 방식은 회사 내에서 반대 의견이 흔히 그렇듯 소위 군주 모독 혹은 출세 포기로 여겨지지 않을 때 비로소 자연적으로 작동될 수 있다.

최근에 나는 신문을 통해 위태위태한 티센크루프 회사의 CEO인 하인리히 히징어가 경제적 하락이라는 여건 속에서도 기업 내에서 '위계질서를 깬 토론'을 장려했다는 기사를 읽었다. 그런데 이런 토론을 위해 1,700명의 경영진이 워크숍에서 그들의 상사에게 이의를 제기하는 법을 배워야 했다고 한다. 이런 시도를 통해 회사 측이 알 수 있는 것은 자신들이 예전에 아첨하는 사람들만 선발했거나 경영진의 이의제기가 근본적으로 무시되어 왔다는 사실뿐이다.

전설적인 제너럴 모터의 대표이며 경영 이론가인 알프레드 슬로안은 티센크루프의 사장인 히징어의 계획에도 중요한 역할을 했을 것이다. 전하는 이야기에 따르면 알프레드 슬로안은 한 이사회에서 이렇게 말했다고 한다. "자, 신사 여러분, 이 결정에서 모두가 한 뜻이라고 제가 이해해도 되겠습니까?" GM사의 매니저들이 똑같이 고개를 끄덕이자 슬로안은 계속해서 이렇게 말했다. "그렇다면 나는 이 문제에 대한 토론을 다음 회의로 미룰 것을 제안합니다. 그렇게 함으로써 우리가 다양한 의견을 생각할 시간을 갖고, 그 덕분에 이 결정이 과연 무엇에 관한 것인지 제대로 이해할 수 있도록 말입니다."

넓은 시각을 지닌 경영진은 의견 불일치를 꼭 필요한 수단, 개혁의 모토, 경직되고 위태로운 사업에 대한 자극제로 여긴다. 그들은 의견 불일치를 단지 견디거나 참는 것이 아니라 추구해야 하는 무엇이라고 여긴다. 윈스턴 처칠이 이렇게 말했듯 말이다. "사장과 법적 대리인이 언제나 의견이 같다면 그 중 한 명은 불필요한 사람이다."

너무 잦은 합의는 우리를 약하게 만들 뿐 아니라 위험을 간과하게 만든다. 레밍 효과(앞에 가는 쥐를 따라 강물에 빠져 죽는 쥐들의 행동)를 기억하라!

젊은이여, 다시 돌아오라!
귀환자가 소중한 이유

전문적이면서도 노련한 작업반장이 있다. 한마디로 금쪽같은 직원이다. 그리고 그 자신도 이런 점을 알고 있기 때문에, 새로 온 지점장에게 한 달에 1,000유로의 임금 인상을 요구한다. 그가 이미 한 단계 높은 직급의 다른 작업반장들보다 더 많이 받고 있음에도 불구하고 말이다. 지점장은 이런 점을 고려하려 작업반장에게 이렇게 말한다. "당신에게 그 이상의 보수를 지급하기는 어렵습니다." "그렇다면 저는 그만두겠습니다." 작업반장은 협박한다. "대단히 유감입니다. 혹시 나중에 생각이 바뀌면 다시 오십시오. 우리는 언제나 당신을 환영할 것입니다." 몇 주가 지나서 그는 실제로 사표를 내고 10명의 인부들까지 데리고 떠난다. 이웃나라인 덴마크는 멀지도 않으면서 최고의 보수를 제공한다.

이후 이곳의 건설 현장에서는 몇 가지 문제가 발생하고, 새로 온 지점장은 이사에게 자신의 취임 이후 3개월간 왜 이런 혼란이 계속되고 있는지 해명한다. 몇 개월 뒤에 지점장은 예전의 작업반장에게 전화를 건다. "덴마크에서 일하는 것이 마음에 듭니까?" 그러자 작업반장이 대답하기를, 과묵한 북부 사람들이 전혀 마음에 들지 않고 보수도 실제로는 약간의 차이만 있을 뿐이라고 대답한다. 그들은 빠르게 복귀를 합의한다.

그러나 이사와 경영진은 마치 얼마 전에 공사작업의 지연에 대해 보였던 것과 똑같이 이 결정에 대해서도 의아하다는 반응을 보인다. 현장을 떠났던 사람을 어떻게 다시 받아줄 수 있단 말인가? 그러나 웅성거림은 금방 사그라진다. 복귀자는 첫날부터 바로 투입되어 일할 수 있을 뿐 아니라, 스스로 모든 동료들에게 여기가 덴마크보다 나은 이유를 설명하고 다닌다.

■ ■ ■

한 직원이 사표를 내면 많은 상사들이 그것을 자신에 대한 모욕이거나 개인적인 공격이라고 생각한다. 그들은 직원이 사표를 내는 이유나 직원과의 관계를 유지하는 일에 대해서는 전혀 관심이 없다. 사표와 함께 그 직원은 바로 적대적인 인물이 된다. 그래서 지금까지 찬사를 받던 능력 있는 직원이 두고두고 험담의 대상이 된다(이런 험담을 함께 듣는 모든 직원들은 훗날 자신들이 당할 일에 대해서도 깊이 생각한다). 그리고 한번 솔직하게 말해보자. 당신도 내 집 앞의 잔디보다 울타리 너머 이웃의 잔디가 더 푸르게 보이지 않던가?

위의 스타 작업반장과의 경험을 통해 나는 두 가지를 배웠다. 직원들의 '압박 시도'를 보다 더 냉철하게 받아들여야 한다는 것과 유능한 직원들을 놓치지 않아야 한다는 것이다. 나는 늘 이별 인사를 하면서 다음과 같은 말을 빼놓지 않는다. "그곳이 혹시 자네 마음에 들지 않으면 연락하게." 그 외에도 나는 유능한 직원들에게 퇴사 후 3개월, 6개월, 9개월이 될 때 전화를 걸어 잘 지내는지 안부를 묻는 습관이 있다. 그의 빈자리가 기업에 큰 손실인 사람과의 통화에 몇 분을 투자하는 것보다 더 유용하고 성공적인 인사관리는 없을 것이다. 아니면 당신은 잘 모르는 사람을 길게 면접하고, 그럼에도 지원자가 좋은 사람인지, 혹은 그저 준비가 잘 된 사람인지를 알 수 없는 상황에 처하기를 원하는가? 그러므로 자신의 오점을 감수하고서라도 회사로 돌아오려는 사람은 자신의 능력을 제대로 증명하기 위해 노력할 것이라는 점을 생각하라.

또한 나는 경직된 임금 구조를 바람직하다고 생각하지 않는다. 중요한 것은 한 직원이 그에게 지불되는 비용보다 얼마나 더 많은 이익을 기업에 가져다주는가이다. 그의 임금이 언젠가 정해진 '규칙'에 맞는지는 둘째 문제이다. 작업반장에게 한 달에 1,000유로를 추가 지불했던 것은 그만한 가치가 있었기 때문이고, 지나고 보니 그를 잠시 떠나게 했던 것은 나의 잘못이었다. 직원 중에는 분명히 자신의 일을 잘 해내는 많은 사람들이 있고, 떠난다고 해도 별로 아쉽지 않을 몇몇 사람이 있으며, 기업을 발전시키는 몇 명의 스타가 있다. 그런 스타들은 자신의 재능과 성격에 정확히 잘 맞는 자리에 있는 직원들이다. 그런 사람들을 회사에 붙잡아 놓지 못하는 임원은 문제가 있다.

당대의 심리학자들은 인사 결정을 학술적으로 안전하게 만들기 위해 수많은 인성 테스트와 선발 방식을 고안해 냈다. 그러나 그 어떤 방식으로도 기업에서 직원들의 능력 발휘에 대한 확실한 예측을 할 수는 없었다. 어떤 사람이 실제로 어떻게 행동할 것인지를 예측하기에는 인간은 너무 복잡하고 그를 둘러싼 환경요소들이 너무 천차만별이기 때문이다. 영리한 지원자들이 누군가의 도움을 받아 선발시험, 면접 혹은 평가를 잘 준비하고 기업이 원하는 행동을 보여주는 경우는 예외로 하고 말이다. 그렇다고 해서 모든 방법이 다 무의미한 것은 아니지만, 그런 방법들은 신빙성이 별로 없다. 한 직원이 얼마나 '괜찮은' 사람이고, 기존 팀이나 상사와 얼마나 잘 어울릴지는 작업현장에서 비로소 드러나게 된다. 어떤 사람들은 새로운 상사 밑에서 제대로 실력을 발휘하기도 하고, 어떤 사람들은 고객의 마음을 제대로 이해하지 못해 경쟁에서 낙오되기도 한다. 어쩌면 야무지지 못한 경리 직원이 판매 분야에서 훌륭한 역할을 할 수도 있는 것이다.

그래서 경영진의 가장 어려운 과제 중 하나는 직원들을 그들의 강점에 맞는 곳에 투입하는 것이다. 나는 해고 위기에 직면해 있던 한 준설기(물속의 흙이나 모래 따위를 파내는 데에 쓰는 기계 – 옮긴이) 기사를 잊을 수 없다. 당시에 반응이 별로 좋지 않았던 '감자 깎기 크리스마스 축제'에서 그와 함께 감자를 자르면서 알게 된 사실에 따르면 그는 한 단체에서 리더를 맡고 있었고 널리 좋은 평가를 받았던 행사를 주관한 적이 있었다. 우리는 다행히도 그를 해고하지 않았고 그의 조직력이 발휘될 수 있는 새로운 임무를 찾아주었다. 그런 면에서는 실패한 회사 축제가 조금은 좋은 점도 있었다. 나는 얼마 전에 어린 딸과 함께 동물원의 펭귄 우리 앞에 섰을 때 이런 점에 대해 생각하지 않을 수 없었다. 그곳에서 펭귄들이 힘겹게 물가의 돌 위를 뒤뚱거리며 걷는 동안은 마치 배 나온 중년 아저씨들처럼 언제라도 부리 쪽으로 넘어질 것 같았다. 그러나 펭귄들은 물에 닿자마자 순식간에 곡예사로 변신했다. 물속에서 그들은 그야말로 물 만난 물고기였던 것이다.

물 만난 물고기가 된 직원을 둔 임원은 그를 붙잡고 있는 것 또한 어려운 일이 아니다. 그리고 그렇지 못한 사람들을 적성에 맞고 발전 가능성이 있는 다른 직책으로 배치할 수 있는 중역이 진정한 경영진이다. 그러기 위해서는 직원들과의 대화에서 이렇게 묻는 것만으로도 충분하다. "만약 당신이 우리 회사에서 하고 싶은 일을 자유롭게 선택할 수 있다면 무엇을 하고 싶습니까?" "당신이 하는 일에서 무엇이 당신에게 즐거움을 주고, 무엇이 별다른 즐거움을 주지 못합니까?" 그런데 당신이 고용한 어떤 직원에게 무슨 일이 적절한 임무인지 찾을 수 없고 그가 기업의 발전에도 도움이 되지 않는다면 주저하지 말고 공개적으로 해고를 통보해야 한다. 그것 또한 경영진으로서의 능력이다.

얼마나 많은 당신의 직원들이 물 만난 물고기처럼 일하고 있는가? 그러기 위해 당신은 무엇을 하고 있는가?

정원에 떨어진 바위

전문가의 말에 귀 기울이기

현장감독이 책임을 맡은 곳은 드레스덴과 괴르리츠 사이의 아우토반 구간이다. 이틀마다 폭파작업을 해야 한다. 그러는 사이 작업반은 역사적인 고도로서 자부심이 강한 작은 도시에 도달한다. 공사기한에 대한 압박감이 매우 크다. 그러자 현장감독은 폭파 전문가에게 폭약 장전량을 늘리도록 지시한다. "두 번 해야 될 일을 한 번에 해낼 수 있다면 좋잖아!"

폭파 전문가는 미간을 찡그렸지만 현장감독의 지시를 거부할 수 없다. 인근의 넓은 범위까지 통행을 차단하고, 거주자들은 집에 머물도록 조치한다. 마침내 폭파 작업이 시행되는데, 사람들은 입을 떡 벌리고 숨도 제대로 쉬지 못한다. 모든 사람들의 놀란 눈앞에서 거대한 바위 덩어리가 마치 고속화면처럼 차단기를 넘어가더니 몇 초 후에 한 주민의 정원으로 천둥소리를 내며 떨어진다. 몇 미터만 더 날아갔더라면 바위는 집의 지붕을 부수고 아마도 치명적인 결과를 가져왔을 것이다.

■ ■ ■

2010년 4월 10일 폴란드 정부 소속 비행기가 짙은 안개 속에서 스몰렌스크로 착륙하던 중에 추락했다. 폴란드의 카친스키 대통령과 다른 모든 승객이 사망했다. 그 전에 관제탑은 조종사에게 스몰렌스크 공항은 착륙하기에 시야가 너무 안 좋으므로 근처의 모스크바 공항으로 우회할 것을 여러 차례 요구했다. 조종사들이 이 경고를 무시하고 착륙 허가도 없이 스몰렌스크 공항에 착륙을 시도했던 것은, 조사보고에서 윗사람들의 '심리적 압박' 때문이었던 것으로 나타났다. 당시 조종실에는 조종사에게 착륙을 명령했다는 폴란드의 공군 사령관이 있었다. 그러나 지금까지도 폴란드 대통령이 우회를 피하기 위해 직접 스몰렌스크로의 착륙을 허락했다는 소문이 돌고 있다. 그를 비롯해 95명의 사람들이 그 결정에 대한 대가를 치렀던 것이다.

권력 행사와 권력 남용의 차이는 백지 한 장이다. 권력 남용은 지도층이 전문가의 충고를 무시하고 예측불허의 위험을 감수할 때 시작된다. 오늘날 나는 당시에 내가 왜 전문가에게 다음과 같이 묻지 않고 무리한 폭파작업을 지시했는지 모르겠다. "시간을 절약하기 위해 폭파작업을 할 예정인데 그렇게 해도 문제가 없겠습니까?"

그렇다고 당시에 폭파 전문가가 나의 지시를 거부할 수 있지 않았을까 하는 지적을 하지는 말자. 고집 센 직속 상사가 압박을 가하는데 이의를 제기할 수 있는 사람은 매우 드물다. 그 외에도, 사실 일이 잘 될 수도 있지 않았겠는가? 그렇다면 나는 아마도 사람들의 비난을 듣지 않았을 테고 나의 결단력에 대해 아주 자랑스러워했을 것이다. 마치 착륙사고가 없었다면 스스로를 여전히 훌륭한 조종사로 여겼을 폴란드의 공군 사령관처럼 말이다.

당신이 전문가들의 말에 귀 기울이지 않는다면 무엇을 위해 그들이 필요한가?

우리 속에 갇힌 고릴라

설득의 기술

지점의 상황이 거의 바닥이다. 성과는 비참하고 손실은 막대하다. 상황이 완전히 바뀌지 않는다면 폐점될 위기에 처해 있다. 새로 온 지점장은 이러한 위기 상황에서 사원 총회를 소집한다. 거기까지는 흔히 있는 일이다. 그런데 지점장은 거의 300명에 이르는 직원들을 그 지역의 다목적 회관이 아니라 가까이에 있는 극장으로 초대한다. 그리고 다른 화면들과 함께 영화 〈특전 유보트〉의 한 부분을 준비한다. 이 계획에 동참했던 직원들은 이 모험적인 시도를 중단하도록 지점장을 설득하지만 소용없다. "그 계획은 실패할 수밖에 없어요! 매우 민망할 겁니다!"

사원 총회는 진부한 파워포인트 화면이나 참고 견디자는 호소 대신에 지점이 많은 돈을 지불해야 했던 경영진의 과오가 적나라하게 나열되면서 시작된다. 직원들이 긴장을 풀고 뒤로 기대앉자 이번에는 역시 많은 대가를 치렀던 직원들의 과오가 이어진다. 불충분한 보안 관리로 인해 기계들을 도둑맞은 일부터 부주의로 인한 화물차 사고까지.

극장 안은 쥐죽은 듯 조용해진다. 특히 모든 실수가 각기 한 장의 사진(예를 들어 충돌한 화물차와 굴착기의 모습)으로 대형 스크린에 비칠 때 긴장감은 극에 달한다. 그리고 〈특전 유보트〉에 나오는 극적인 장면이 그 끝을 장식한다. 영화 속에서 한 기술자가 마지막 순간에 배터리를 수리했고, 해저에 가라앉아 있던 유보트가 다시 움직이기 시작한다. 부하들과 함께 죽음 직전에 놓여 있던 함장은 그런 모습을 한참 바라보다가 이렇게 말한다. "좋아, 좋아. 역시 좋은 사람들을 데리고 있어야 해!"
긴 설명 없이도 이미 지점장의 메시지는 충분히 전달된다. 실제로 참석자들 사이에 뭔가 대단히 양심에 걸리는 듯 당혹감이 퍼진다. 사실 지점장에게 이런 시도를 하도록 영감을 준 사람은 한 기업의 사장이었다. 그는 용기 없는 직원들을 우리 속에 갇힌 고릴라의 그림으로 고무했다고 한다. "이것이 바로 당신들의 모습입니다! 당신들은 우리 안에 들어 있는 600파운드 무게의 고릴라입니다. 제발 고릴라를 우리에서 나오게 하세요!" 그때까지 별로 성공해 본 적이 없고 점차 위기가 다가오는 것을 느끼던 기업의 직원들은 그제야 새로운 용기를 낼 수 있게 되었다.

■ ■ ■

아마 당신도 사원 총회에서 또 다른 종류의 보트와 대면했던 경험이 있을 것이다. 즉 사람들이 '모두' 앉아 있어야 하고, 선택적으로 '소매를 걷어올리거나' '벨트를 조여 매야 하는' 그런 보트 말이다. 비아냥

거리기를 좋아하는 사람들은 이렇게 쉽게 반격한다. 보트가 맞기는 하지만 '어떤 사람은 힘들게 노를 젓고, 어떤 사람은 수상스키를 타는' 그런 보트라고 말이다.

만약 위기 상황에서 직원들의 마음을 움직여야 하는데 당신 머릿속에 진부한 비유법밖에 떠오르지 않는다면 분명 당신에게 문제가 있는 것이다. 직원들에게 동기를 부여하기 위해서는 직원들과 회사의 동일화가 필요한데, 이런 동일화는 성스러운 구절이나 숫자 도표에서 생기는 것이 아니다. 사람들을 감동시키고 당혹감을 느끼게 하는 것은 학교 수업에서 배울 수 없다. 많은 경영진이 파워포인트 프레젠테이션이라는 보다 안전한 방식을 선호하고, 흔히 그들의 성실한 비서들이 자료를 모으고 그래프를 만들어 발표 준비를 완료한다. 그런데 당신은 평생 동안 감동적인 원형그래프와 막대그래프를 몇 개라도 본 적이 있는가?

그런 대부분의 그래프들은 다음 화면으로 넘어가자마자 바로 사람들의 기억에서 사라진다. "주의력을 파괴하고, 효력을 제거하고, 설득력을 방해하는 데 중간 매체보다 더 적절한 것은 없다." 《파워포인트로 인한 죽음》이라는 제목의 책에 쓰인 문구이다.

또한 사전에 만들어서 낭독하는, 인내를 강조하는 슬로건들도 일반적으로 큰 효과가 없다. 나는, 비슷한 상황에서 연설문을 쓰느라고 고생하고 위압적인 문장들을 외워 연설했지만 효과가 전혀 없었던 동료 중역의 모습을 기억하고 있다. 그가 강연을 선택한 동기는 직원들과의 껄끄러운 직접적 대면에 대한 두려움 때문이었다. 말하자면 그는 소위 '안전한' 원고에 매달렸고 강연을 하는 동안 내내 연단 뒤에 숨어 있었다.

당신이 진정으로 무엇인가를 얻어내려면 사람들의 마음을 움직여야 한다. 진부하게 들리는 이 말이 최근에는 학술적으로도 증명되고 있다. "마음의 움직임이 없는 이해는 그 어떤 이득도 얻지 못한다"라고 저명한 뇌 연구가인 게르하르트 로트는 말했다. "마음이 움직이는 것은 뇌 안의 깊은 곳에서 벌어지는 일이다. 그리고 단순한 이해만으로는 그 누구의 마음도 움직이지 않는다."

수백만 명의 흡연자들은 "흡연이 치명적일 수 있다"는 사실을 잘 알고 있다. 거의 모든 담뱃갑에 그렇게 쓰여 있기 때문이다. 그렇다면 많은 사람들이 기꺼이 담배를 끊어야 할 텐데 실제로는 그렇지 않다. 그런데 이처럼 이성적인 이해가 결코 해내지 못한 일이라도, 예를 들어 암 증상이 나아지지 않았다거나 당사자가 감정적으로 큰 충격을 받으면 그 다음날이라도 즉시 금연을 실천할 수 있게 된다.

냉정한 성격의 사람들은 아마도 감정적으로 다른 사람의 마음을 흔들어 눈물을 빼게 하는 종류의 행동은 하지 못한다고 반박할 것이다. 당신은 그럴 필요도 없다. 나 역시 감정적 호소의 달인이 아니다. 그래서 나는 때때로 전문가의 도움을 받기도 한다. 숫자로 된 도표와 인쇄된 담뱃갑 문구 대신에 당신이 전하고 싶은 메시지와 잘 들어맞는 그림과 비유를 활용하라. 그리고 진솔한 등장, 분명한 말투, 눈높이 맞추기를 기억하라. 대부분의 사람들에게는 누군가가 자신들을 진정시키고 싶은 것인지, 멍청하다고 매도하려는 것인지, 혹은 진정으로 공동의 노력을 구하려고 애쓰는 것인지를 알 수 있는 섬세한 감각이 있다.

> 누군가의 손은 우리가 돈을 주고 사는 것이고, 머리는 우리가 설득하는 것이며, 마음은 우리가 얻는 것이다.

"문제가 생겼습니다!"
통제와 간섭 사이

한 하청기업이 항구의 건설 현장에 품질이 불량한 파이프를 설치했다. 이 사실이 드러났을 때 건설 작업은 이미 상당히 진행되어 있었다. 교체할 경우 매우 많은 비용이 드는 상황이다. 그래서 지점장은 조심스럽게 사장에게 전화를 걸어 상황을 알린다. "사장님, 문제가 생겼습니다!" 그러자 사장은 단지 간결하게 되묻는다. "얼마나 많은 비용이 듭니까?" "약 100만 유로가 더 들 것입니다." 그러자 사장은 바로 이렇게 묻는다. "내가 무엇을 하면 됩니까?" 지점장은 잠시 머뭇거리더니 "아무것도 하지 않으셔도 됩니다. 기다려주시면 됩니다"라고 대답한다. 사장은 "고맙소"라고 대답하고 수화기를 내려놓는다. 지점장은 마침내 고객과 매우 유익한 기술적 해결안에 합의한다. 모든 것을 다시 뜯어내는 일 대신에 아스팔트를 더 강화시키고 보증기간을 연장하기로 한 것이다.

■ ■ ■

사장과의 통화가 20초가 채 걸리지 않았음에도 불구하고 그 일은 내게 깊은 인상을 남겼다. 당시의 내 상사는 아주 짧은 문장 몇 개로 내게 신뢰를 표현했으며 나를 움직이게 만들었다. 아마도 경영진의 90퍼센트는 그런 상황에서 더 자세한 내막을 알고 싶어 했을 것이다("도대체 무슨 일이 있었던 겁니까?"). 3분의 2 정도는 과거를 들쑤시고 잘못이 있는 사람을 밝혀내기 시작했을 것이다("어떻게 그런 일이 일어날 수 있단 말입니까?"). 그리고 최소한 3분의 1은 자신이 꼭 있어야 한다는 사실이 확인된 것처럼 느낄 것이다("도대체 알아서 해결하는 사람이 없다니까!").

그런데 나의 상사는 문제를 원래 그것이 속해 있던 곳에, 바로 내 책상 위에 그대로 놔두었던 것이다. 그가 이 일을 위해 어차피 아무것도 할 수 없다면, 왜 그가 이 일을 감당해야 하는가? 그에게도 분명 충분히 많은 다른 일이 있을 것이다.

훌륭한 경영의 비밀이란 "올바른 사람을 올바른 자리에 있게 하고 자신은 물러나 주는 것"이란 말이 있다. 이러한 '놓아주기'는 경영진으로서 어려운 연습 중 하나이며, 당신의 통제 욕구가 클수록 그리고 다른 사람들에 대한 불신이 클수록 더욱 어려워진다. 그러나 당신이 진행 방식과 결과에 더 많이 간섭하고 더 강하게 통제할수록 직원들은 더 의존적으로 변한다. 어떤 행동을 할 때마다 상사에게 설명하고 이해시켜야 하는 직원은, 목표 달성을 위해 자신이 믿는 방식을 시도하는 직원보다 실패할 확률이 훨씬 더 높다. 스스로에 대한 신뢰도에 따라 그 결과가 달라지는 것이다.

사사건건 간섭하던 사장이 여행을 떠나고 직원들이 조용히(마침내!)

일할 수 있게 되면 사무실마다 눈에 띄게 안도의 분위기와 함께 뭔지 모를 활기가 지배하게 된다. 사실 모든 일을 직접 간섭하지 않으면 마치 우리 경제가 금방이라도 무너질 것처럼 여기고 자신들을 소위 '대체 불가능한' 존재로 여겼던 사람들이 묘지마다 많이 누워 있지만 세상은 여전히 잘 돌아가고 있지 않은가.

나는 위 사례에서 언급한 독립적인 상사를 모델로 삼아 부하직원들의 일상 업무로부터 멀리 떨어져 있었다. 나는 어차피 직원들만큼 꼼꼼하게 많은 일을 잘 판단할 수 없었다. 물론 이런 방식은 과정 대신 결과를 통제하는 체계 속에서, 그리고 역위임이 철저히 제지될 때 가능하다. 그러면 당신의 직원들은 문제가 생겨도 상사에게 무조건 떠넘길 수 없을 뿐 아니라 구체적인 해결책을 제안해야 하는 상황에 빠르게 적응할 것이다.

직원들 입장에서는 상사에게 문제를 떠넘기지 않고 스스로 해결하려는 태도가 오히려 자신의 가치를 더 높이는 결과를 가져온다. 사실 나의 출세도 직원으로서 무엇보다도 독립적으로 행동하고 확실한 성공을 보여주었기 때문에 가능했다. "나는 모든 것을 잘 해낼 수 있어"라는 생각이 스스로 만들 수 있는 성공의 보증서인 셈이다.

만약 당신이 계속 승진하여 직위가 높아지지만 점점 일에 치이고 능력의 한계를 보인다면, 그래서 결국 무능력 수준에 이른다는 소위 '피터의 법칙'이 입증된다면 누가 당신을 그 이상 승진시키겠는가? 그러므로 일을 항상 힘겹고 어렵게만 여기지 말고, 문제가 생겨도 그것은 잠깐의 일이라고 여겨라. 그러나 만약 직원을 마음대로 부리고 하찮게 여기는 상사 밑에서 일하는 불행에 직면했다면, 유일한 방법은 그의 그늘에서 벗어나는 것이다. 그곳 말고 다른 곳에서 당신의 행운을 시험하라!

당신은 정확히 상사가 당신에 대해 생각하는 바로 그만큼 유능한 사람이다. 그렇다면 당신은 성공을 위해 상사에게 어떻게 해야 되겠는가?

성과급을 어떻게 분배할까?

틀에서 벗어나기

한 지점이 비참한 연간 실적을 기록했다. 쉬운 말로 하자면, 큰 손실을 입었다는 뜻이다. 지금까지는 지점장 혼자서만 매년 7만에서 9만 유로의 성과급을 받았다. 그런데 이사의 통보에 따르면 올해는 이 지점의 직원 전체에게 5만 유로의 성과급만이 책정되었다. 이런 상황이 지점장의 새 상사를 궁지로 몰아넣는다. 그는 이 지점을 회생시켜야 하고, 그러기 위해서는 지점장이 필요하다. 그런데 만약 그가 지점장의 성과급을 줄이거나 없애버린다면 지점장의 모든 지원을 잃게 될 수도 있다. 상황이 절망적으로 보였다. 아이들이 케이크 한 조각을 다툼 없이 서로 나누어 먹을 수 있는 비책을 생각해 내기 전까지는 말이다.

이사는 자신의 사무실로 지점장을 불러 이렇게 말한다. "올해의 성과급에 대한 이야기입니다. 나는 여기 온 지 얼마 되지 않았습니다. 그러므로 누가 얼마큼의 공로를 세웠는지 당신이 훨씬 더 잘 알 것입니다." 지점장은 고개를 끄덕인다. "그러므로 당신이 직접 성과급을 결정하고 직원들의 입장을 대변해 주십시오." 지점장은 망설인다. "모든 직원들의 이름 옆에 당신의 의견에 따라 얼마큼의 성과급이 적절한지 각각 적어주십시오. 당신의 이름도 적으세요. 당신은 올해 총 5만 유로의 성과급을 나누어줄 수 있습니다." 지점장은 항의하려 했지만 소용이 없다. "이 명단을 작성하는 데 얼마의 시간이 필요합니까?" 일주일 뒤에 명단이 제출된다. 지점장은 자신의 이름 옆에는 숫자 0을 적었다.
지점장은 성과급 포기 때문에 직원들로부터 영웅이 된다. 일단 '영웅'이 된 그는 이때부터 회사를 상대로 노여워하거나 버티는 일이 불가능해졌고 당연히 다시 성과급 난에 까만 숫자를 쓰기 위해 적극적으로 협력한다. 그렇다면 아이들의 케이크 분배는 어떻게 하면 될까? 아주 간단하다. 아이들 중 한 명에게 케이크를 자르도록 맡기면 된다. 그 한 명을 선발하는 일은 다른 사람이 해도 좋다!

■ ■ ■

나는 심리학자 파울 바츨라비크의 여러 흥미로운 이론들과 함께 '2차적 해결책'이라는 구상에 대해서도 깊은 인상을 받았다. 바츨라비크는 익숙한 사고방식에서 벗어나 새로운 관점으로 문제에 접근할 것을 권유한다. 이런 구상의 배경에는 우리가 일상에서 의외의 행동보다는 하던 대로 행동하는 경향이 강하다는 관찰 결과가 있었다. 두 사람의 관계에서 남편 혹은 아내가 자신에게 충분한 관심을 가져주지 않는다고 불평하는 경우는 불만스런 파트너십의 고전적 사례에 속한다. 그런데 이런 불평은 다른 한 사람을 더 멀리 도망가게 만들고, 이것이

다시금 더 많은 불만을 유발하고, 나아가 서로의 소원함을 더 심화시키는 결과를 낳는다.

2차적 해결책이란 정확히 이와 정반대로 행동하는 것으로, 함께 있는 시간을 아주 편안하게 보냄으로써 다른 한 사람이 더 자주 함께 있고 싶도록 만드는 것이다. 바츨라비크는 2차적 해결책의 본질을 그 사이 널리 알려지게 된 다음의 퀴즈로 표현했다. 아래에 보이는 9개의 점을 4개의 직선을 이용해서 펜을 떼지 않은 채 연결시켜야 한다. 당신도 한번 시도해 보라.

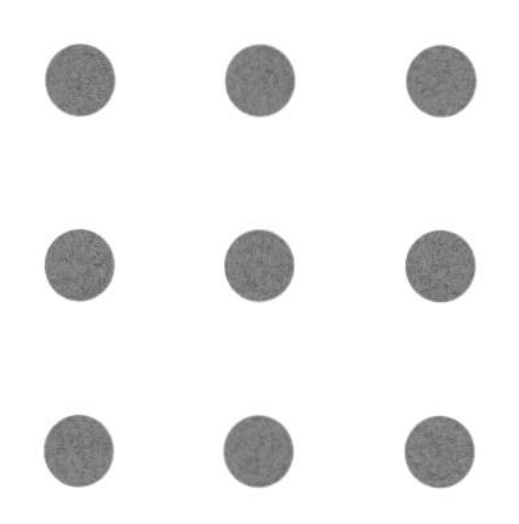

완성했는가? 당신이 더 이상 고민하고 싶지 않다면 이 글의 끝부분을 보라. 이 문제는 사실 아주 간단하다. 해답이 어려워지는 것은 전제되지 않은 가정, 즉 직선이 점을 통해 만들어진 사각형을 넘어서면 안 된다는 스스로 만든 가정 때문이다. 우리는 일상에서 얼마나 자주 가상의 틀 안에서 사고하고 있는가? 당신이 이미 문제를 알고 있어서 바로 답을 말할 수 있었다면, 조금 더 어려운 문제를 풀어보자. 이 점들을 세 개의 직선을 이용해 펜을 떼지 않고 연결시킬 수 있겠는가? 마지막으로 단 하나의 직선으로 연결시킬 수 있겠는가? 잠깐, 해답을 찾아보는 것은 누구나 할 수 있다! 그러므로 일단 먼저 생각을 해보기 바란다. 가능한 해답은 역시 끝부분에서 확인할 수 있다.

만약 당신이 이 주제를 흥미롭게 생각한다면 말해주고 싶은 것이 있다. 1987년 파울 바츨라비크는 '해결책이 오히려 문제가 될 때'라는 제목의 한 시간짜리 강연을 했다. 이 강연은 해결책을 찾을 때 우리가 부딪히는 한계에 대해 다루고 있는데 유튜브에서도 많은 조회수를 기록했다. 위 이야기에 나오는 부족한 성과급의 분배는 이런 주제에 관한 일상적인 사례라고 할 수 있다. 많은 상사들이 직접 나서서 일을 해결하려는 욕구를 가지고 있기 때문에, 대부분의 경우 성과급도 직접 맡아서 분배하고 지점장에게는 최대한 상냥하게 그의 상여금이 급격히 감소된 이유를 밝히려고 할 것이다.

그러나 상사가 이런 상황에서 무슨 이야기를 하든 상관없이 그의 모든 설명은 일종의 처벌과 같은 성격을 갖게 될 것이다. 그리고 상사가 얼마나 논리적으로 이야기를 하는지도 역시 상관없다. 그가 더 길게 얘기할수록 지점장은 더 큰 처벌을 받는 것처럼 느낀다. 따라서 훤히 결과가 예측되는 상황을 피하고 지점장에게 스스로 결정하도록 맡긴 것은 매우 바람직한 조치이며, 내가 오늘날까지도 조금은 자랑스러워하는 일 중 하나다(이 책에서 나도 계속 자책만 할 수는 없지 않은가!). 이런 방식으로 지점장은 자기 자신과 직원들에게 체면을 유지할 수 있었다. 왜냐하면 이런 문제에서는 돈 이외에도 존중과 배려가 중요하기 때문이다. 위에서부터 내려오는 위압적 결정은 거의 언제나 사람들을 뒷걸음질 치게 만드는데, 왜냐하면 그런 결정들이 반사적으로 저항을 선동하기 때문이다.

그러므로 '2차적 해결책'이란 진퇴양난의 상황에서 의도적으로 '일반적인 것들' 이외의 행동방식을 시도하는 것이다. 문제가 일반적인 접근방식으로 만족스럽게 해결되지 않는다면 다른 어떤 가능성이 있을지를 생각하는 것이다. 그래서 임원들이 부하직원을 문제 해결에 참여시키거나 전적으로 해결을 맡기는 일반적이지 않은 방식이 좋은 결과를 가져오는 경우가 많다. 즉 문제의 당사자를 해결의 참여자로 만드는 것이다.

이런 시도의 배경에는, 내가 어떻게 행동하는가에 따라 직원들의 반응이 달라질 것이라는 체계적인 생각이 숨겨져 있다. 당신은 직원들이 원래의 모습에서 벗어나도록 만들기 위해 무엇을 하는가? 당신이 갑자기 다르게 행동한다면 무엇이 달라질 수 있는가? 특히 행동방식이 서로 대립적일 때(예를 들어 업무 분위기를 지속적으로 악화시킬 가능성이 있는 동료와의 논쟁에서)는 갈등의 심화 단계에서 일방적인 포기가 상황의 전환을 가져올 수 있다. 바츨라비크는 이런 상황을 설명하기 위해 2인용 요트를 예로 들었다. 요트에서 서로 마주 보고 앉은 두 사람이 각자 다른 방향으로 힘을 가하면 아무리 노력해도 요트를 안정적으로 움직일 수 없다. 오히려 한 사람이 에너지 소모적인 이 게임을 포기할 때 비로소 양쪽이 모두 편안하게 요트 여행을 할 수 있다.

이와 관련해 심리학에서는 '역설적 개입'이라는 방법이 사용되고 있다. 즉 심리 치료사나 상담사가 환자나 고객에게 손해가 되거나 부정적인 행동을 함으로써 환자 스스로 깊게 고민하고 저항하도록 유도하는 것이다. 우리는 흔히 어떤 문제의 해결책을 찾을 때 늘 하던 것과 '더 똑같고 더 비슷한' 해결책을 택하게 되는데, 조금 더 비판적으로 바라보면 이런 방법의 단점이 분명하게 보인다. 예를 들어 보자. 동료와 갈등이 있는 사람에게 기존의 진부한 조언 대신 이렇게 말한다. "네, 당신은 그 동료에게 차분하고 분명하게 의견을 말해야 합니다! 당신이 그의 가면을 한 번에 완전히 벗길 수 있도록 짧은 연설을 준비합시다!" 흥분해 있던 사람은 늦어도 연설문의 2쪽 정도에 가서는 스스로 이런 행동이 진정으로 도움이 되는 것인지 의문을 갖게 된다. 또한 평소처럼 남편에게 운동하라고 잔소리하는 것을 그만두고, 그 대신에 "당신 나이에 외모가 뭐 중요하겠어요, 불룩하게 나온 당신의 배도 아주 편안해 보이네요"라고 말하며 남편 뜻에 따르는 척하는 부인의 경우도 미국의 치료사 프랭크 패럴 리가 60년대 초반에 개발한 '선동적 치료'로 알려져 있는 전략을 이용하는 것이다.

어쩌면 마크 트웨인이 역설적 개입의 원조 창시자인지도 모른다. 아마도 당신은 톰소여가 어느 토요일 오후에 이모 폴리로부터 울타리를 칠하는 벌을 받게 된 이야기를 알고 있을 것이다. 시간이 얼마 지나지 않아서 그를 비웃는 친구들이 모여들었고 그가 벌을 받고 있는 모습을 놀려댔다. 그런데 톰은 열심히 페인트를 칠하면서, 이 일은 큰 책임감이 따르는 일이고 대단히 즐거우며 결코 아무한테나 맡길 수 없는 일이라고 주장했다. 결국 그의 친구들은 사과, 낚시 미끼용 벌레 같은 보물들을 뇌물로 주면서 제발 자신들도 한 번만 할 수 있게 해달라고 부탁했다. 톰은 나머지 오후를 느긋하게 풀밭에 누워서 지켜보기만 했다.

이 모든 전략은 일반적이지 않은 방식으로 행동함으로써 오래된 행동 패턴과 자동주의를 타파한다는 것이 그 핵심이다. 이런 방식을 사용한다면 새로운 해결책을 찾게 될 가능성이 매우 높아진다. 경영진에게는 흔히 이런 전략이 직원들에게 결정의 역할을 넘기는 것을 의미한다. 또한 당신은 뒤에 나올 서른두 번째 이야기(187쪽)에서도 이런 전략에 대한 또 다른 사례를 접하게 될 것이다. 상사 없는 미팅! 언제나 가장 어려운 것은 우리가 어떻게 창의적인 해결책을 찾는가 하는 점이다. 어쩌면 당신은 그런 시도를 통해, 마치 지구라는 별로 회사 야유회를 와서 당신의 회사를 견학하고 있는 지능이 뛰어난 외계인이 된 것처럼, 새로운 시각으로 자신의 행동을 바라보게 될 것이다. 그리고 몇 가지 불합리한 측면을 발견하게 될 것이다. 또한 회사 외부의 사람들과 입장을 바꿔보는 것도 많은 것을 새롭게 보는 데 도움이 된다.

틀에서 벗어나 생각하기를 원하는 사람은 먼저 그 틀을 알아야 한다.

끝으로 당신을 위해 두 가지 간단한 연습 과제를 소개한다.

1. 최근에 자신이 참가했던 세미나에 대단히 만족했던 한 상사는 자신의 핵심 직원을 이 세미나에 참가시키고 싶다. 그런데 그는 해

당 직원이 자신을 '강제 당첨'이 된, 교육이 필요한 직원이라고 생각하고 강한 거부반응을 보일 것이라고 확신한다. 그러나 우리는 상당히 빠르게 2차적 해결책을 찾는 데 성공했다. 어떤 것인지 예상할 수 있는가?

2. 한 능력 있는 직원이 사표를 내게 될 상황에 처해 있다. 그 배경은 이렇다. 본사의 변경된 규정(수백만 유로에 이르는 지점의 예산을 건드리지 않는 대신에 업무용 차량 규정을 개정했다)에 따라 현장감독인 그에게 앞으로는 VW-폴로가 업무용 차량으로 배정된다. 주변에 동료들도 많고 2미터의 장신이며 가장인 그는 이것을 부당하다고 생각해 파사트를 배정해 달라고 주장한다. 추가 비용은 부차적인 문제이고, 동기부여의 문제가 더 크다. 이 경우 자동차는 외부적으로는 드러나지 않지만 임금의 만족도보다 훨씬 더 많은 의미가 있다. 그럼에도 불구하고 다른 방법이 없다. 혹시 어떤 방법이 떠오르는가?

해결책

1) 직선 4개를 이용하는 경우

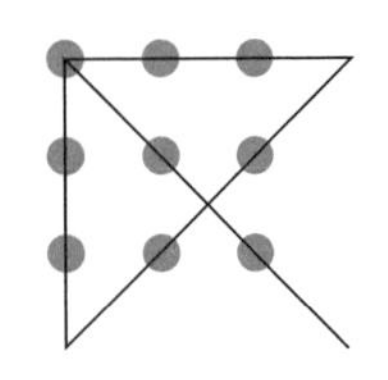

2) 직선 3개를 이용하는 경우

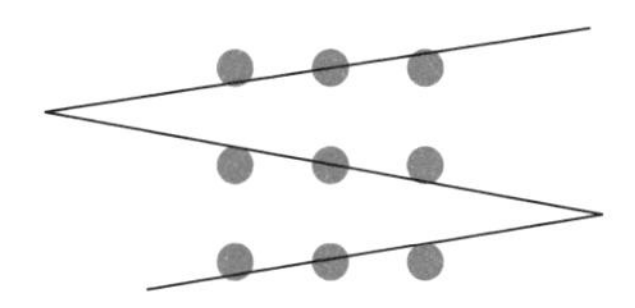

3) 직선 1개를 이용하는 경우 종이를 세 개의 줄로 잘라서 나란히 늘어놓는다. 혹은 종이를 그에 상응되게 접는다. 혹은 크고 넓은 붓으로 세 줄의 점들이 한 번에 지나가도록 한다. 그 어떤 것도 과제 제시문에서 금지된 것은 없다.

4) 직원을 세미나에 참가시키는 방법 그 직원은 세미나를 특별한 성과에 대한 '선물'로 받게 되었다. 그리고 사람들은 선물에 대해서는 마치 칭찬에 대해 그렇듯 별로 저항하지 않는다.

5) 업무용 차량 문제를 해결하는 방법 나는 그에게 '최고 현장감독'이라는 직함을 붙여주었다. 그의 동료들도 마찬가지다. 그러니까 우리 지점에는 파사트를 가진 '최고 현장감독'들만 있는 것이다. 본사의 규정은 글자 그대로 준수되었다.

"만약 제가 해내지 못한다면"
목표 달성과 약속

새로 부임한 사장은 입사한 지 오래된 한 직원을 '물려받았는데' 그의 실적은 오래전부터 참담하다. 이미 전임자도 그를 해고할 것을 권유하고 떠났다. 당신은 이 일로 다른 직원들을 자극할까봐 걱정스럽다. 왜냐하면 그 직원은 인기가 좋을 뿐 아니라 초창기부터 오랫동안 다른 직원들과 함께 일해왔기 때문이다. 신임 사장은 해당 직원과 일대일 상담을 하면서 격의 없이 대화를 나눈다.

사장 OO씨, 만족스럽지 못한 당신의 실적에 대해 이야기를 좀 나눴으면 합니다.

직원 무슨 말씀이십니까?

사장 당신의 실적은 동료 직원들보다 30퍼센트 정도 부족합니다.

직원 그렇지만 저는 특히 더 어려운 고객들을 상대했습니다. 그리고 운이 없었어요. 왜냐하면 중요한 하청기업이 파산을 했기 때문입니다. 그리고 10월에는 악천후 때문에…….

사장 당신은 도대체 언제 스스로 실패했다고 말하려는 겁니까? 그렇다면 내년에는 어느 정도의 목표 달성이 가능하다고 생각합니까?

직원 거기에 대해서는 좀 생각해 봐야겠습니다.

2주 뒤에 두 사람은 대화를 계속한다. 직원이 자신의 연간목표를 보여준다.

사장 자, 그럼 이제 이 목표가 무엇을 의미하는 것입니까?

직원 목표를 이루지 못한다면 여기는 제가 있을 곳이 아닙니다!

사장 그 말은 당신이 스스로 정한 이 목표를 달성하지 못하면 사표를 쓰겠다는 뜻입니까?

직원 네, 그렇다면 여기는 제가 있을 곳이 아니므로 떠나겠습니다.

사장 그러니까 당신이 여기 적은 것보다 더 적은 성과를 내게 되면 자발적으로 짐을 쌀 것입니까?

직원 네.

이 합의는 악수를 통해 체결된다. 1년 뒤에 직원은 사표를 낸다. 왜냐하면 그의 실적은 스스로 세웠던 목표에 많이 못 미쳤기 때문이다.

■ ■ ■

나는 해마다 많은 기업에서 되풀이되고 있는 기존의 목표 합의 관행에 우호적인 사람이 아니다. 대개 그 목표는 진짜가 아니기 때문이다. 직원은 성과급을 계속 받기 위해 목표를 낮추고, 상사는 조금이라도 더 높여 승부수를 띄운다. 직원의 코앞에 당근을 너무 가까이 대주지 않고 직원이 충분히 힘들도록 조정하는 식이다.

이렇게 널리 만연되어 있는 합의 방식 뒤에는 두 가지 암묵적인 가정이 숨어 있다. 첫째, 사람들은 외부로부터 동기를 부여받아야 한다. 둘째, 동기부여를 위해서는 돈이 가장 적당하다. 그러나 이 두 가지 가정에 대해 라인하르트 K. 슈프렝어는 이미 수년 전에 《동기부여의 신화》라는 저서에서 커다란 의문부호를 제시했다. 확실한 것은, 인간은 혜택에 익숙해지며, 이미 두 번째에는 그것을 당연한 것으로 여기고, 늦어도 세 번째에는 '당연한 권리'로 생각한다는 사실이다.

2007년 독일에서 교외 통근자들에게 지불되는 교통비의 축소 조치에 대해 일어났던 집단적인 반발을 생각해 보라. 이 규모는 몇 년 뒤에 일어났던 미국 첩보기관에 의한 개인정보 유출 사건 때보다 세 배나 컸다고 한다. 이 사건을 보면 교통비 지급이 마치 국민의 기본권이라도 되는 듯한 인상을 받는다. 혹은 회사가 수년간 '자발적'으로 지불하던 크리스마스 보너스를 회사 사정이 좋지 않아 갑자기 중단했을 때 직원들의 반발을 생각해 보라.

오해를 방지하기 위해 말하건대, 나는 기업에서 직원들과 정기적으로 목표 책정에 대해 대화를 하는 것은 의미가 있다고 생각한다. 그러나 이런 대화의 결과가 지금까지의 진부한 형태로 임금과 연결되는 것은 반드시 의미가 있다고 여기지 않는다. 이러한 토론이 진정성을 띠고 책략적으로 이용되지 않으려면, 승진의 유리함이나 상응되는 보상뿐만이 아니라 반대로 목표가 실패했을 때의 어떤 제재나 처벌이 있어야 한다고 생각한다. 진짜 목표만이 진짜 결과를 얻게 되는 것이다!

위의 사례에서 나는 바로 이런 생각을 실천했다. 나의 시도는 성공했다. 왜냐하면 직원은 실제로 자기가 세운 목표에 대해 책임을 느꼈고 스스로 결론을 내렸기 때문이다. 내가 그를 설득했거나 그의 명예욕을 자극해서 높은 목표를 정하도록 부추겼다면 그는 결코 스스로 책임지는 모습을 보이지 않았을 것이다. 결국 여기서도 한번쯤 평소와 다르게 문제에 접근하려는 시도가 나를 구했다. 물론 이런 시도가 실패할 수도 있었을 것이다. 그렇다고 해도 과연 내가 잃을 것이 무엇이겠는가?

당신이 언제나 이미 했던 것을 하면, 당신은 언제나 이미 얻었던 결과를 얻을 뿐이다.

동료에게 넘기느니 차라리 경쟁사?

목표 달성과 성과급

직원들은 회사와 목표를 설정할 때 이미 알고 있다. 목표의 (초과) 달성과 성과급이 직결된다는 것을. 그리고 이러한 시스템 속에서 '진정한' 목표를 합의하기 위해서는 우리가 성자(혹은 멍청이)가 되어야 한다는 것을 말이다. 그런데 그럴 수 있는 사람은 많지 않다. 예를 들어 멍청하지 않지만 성자도 아닌 사람들은 책략적으로 목표수치를 낮춘다. 물론 합의된 목표가 창피스러울 만큼 낮아서는 안 된다. 그러나 동시에 너무 야심에 찬 목표여도 안 된다. 왜냐하면 그런 경우 자신의 성과급이 위태로워지기 때문이다. 그러므로 우리는 모든 가능성을 고려해 초과 달성에 타당한 목표가 필요하다. 마치 실제로 현존하는 사회주의의 5개년 계획들처럼 말이다.

그리고 지점장은 이미 '500만 유로 프로젝트'의 구두계약을 얻어냈음에도 불구하고 이 사실을 사장에게 말하지 않는다. 오히려 매년 목표 합의를 하는 시기인 가을이 되면 암울한 전망을 늘어놓으며 불평한다. 그러다가 3월이 되면 잿더미에서 나온 불사조처럼 계획된 목표의 초과 달성을 알리고, 부지런히 새 스포츠카를 주문한다. 다른 지점의 동료 지점장도 역시 비슷하게 행동하고 모든 상황을 최대한 유리하게 이용한다. 그리고 자신이 더 이상 감당할 수 없는 큼직한 계약의 조짐이 보일 때, 그는 이 기회를 자기 회사의 다른 지점으로 넘기는 것이 아니라, 차라리 경쟁 회사에 넘긴다. 왜냐하면 회사 내의 다른 경쟁자가 더 많은 실적을 내서 자신의 몫에 영향을 주면 안 되기 때문이다! 그 정도까지도 인간이니까 할 수 있는 행동이라고 해두자. 단지 우리가 깊게 생각해 봐야 할 것은, 그 사이 실제로 현존하던 사회주의가 소리 소문 없이 붕괴되었다는 점이다.

■ ■ ■

마침내 직원들이 큼직한 계약의 기회를 자신들의 회사보다 차라리 경쟁 회사에 넘기는 지경까지 이르게 되면 분명해진다. 윗사람들이 만든 방식의 목표 합의가 무엇보다도 기업에 해가 된다는 사실이 말이다. 왜냐하면 일 년 내내 정해진 목표를 초과 달성하기 위해 순진하게 열심히 일하는 것과 사전에 목표수치를 가급적 낮게 설정해 놓는 것 중에서 어떤 것이 더 간단하겠는가?

이익 배당과 목표 (초과) 달성과의 연결은 회사 내에서 가장 중요한 '신뢰가 넘치는 협력'을 망가뜨린다. 또한 이런 연관성은 인트라넷, 워크숍 혹은 직원 상담 등에서 공개적인 정보 교환도 달갑지 않게 여기도록 만든다. 왜냐하면 이익 배당과 목표 달성의 연관성이 투명한 방식이 아니라 비밀 표시를 해둔 카드 패로 게임을 하도록 부추기는 방식이기 때문이다.

당신은 아마도 중간적 위치에서 속는 자와 속이는 자 양측에 대해 모두 알고 있을 것이다. 직원들은 금전적 불이익을 당하지 않기 위해 중역들에게 이미 예산안 제출 몇 주 전부터 왜곡된 정보들을 제공한다. 그들은 힘겨운 시장 상황, 강력한 경쟁자, 그리고 예측 불가능한 날씨 문제와 정치적인 제반 상황들에 대해서까지 불평한다. 그러다가 목표 합의가 이루어진 후에 적당한 시간 간격을 두고 기쁘게도 예상치 못했던 긍정적인 사업 결과가 발표된다. 직원들은 당연히 이런 결과를 자신의 실적으로 만들고 상당한 액수의 성과급을 챙긴다.

경영진이 직원들의 목표 설정을 경영 계획과 통제의 수단으로만 여기는 한 이런 상황은 점점 더 심각해진다. 직원들은 올바른 정보를 근거로 회사의 이익을 위해 전략적인 목표를 세우는 것이 아니라, 각자에게 유리하도록 목표를 설정하기 위해 엉터리 연극을 하면서 피폐되어 간다. 이런 연극 속에서 인물들의 역할은 마치 고용주 대변인과 노동조합 대표의 협상 테이블에서처럼 충분히 예측 가능하다. 회사 내의 모든 위계적 계층까지 계단식으로 퍼져 있는 이런 풍조는 막대한 시간과 에너지를 좀먹고 있다. 오로지 철저하게 허위적 상황을 만들기 위해 그런 연극을 벌이는 것이다.

내가 체험했던 한 경우에는, 집단적 비관주의가 너무 암울한 시나리오와 합해져서 한 중역이 그렇게 어두운 전망을 계속하느니 차라리 수익의 중심이었던 지점을 폐점시켜야 되는 것은 아닌지 고민했을 정도였다. 그러자 바로 직원들은 몇 가지의 희망적인 신호들을 보여주었고, 이런 상황은 신속하게 윗선에 보고되어 폐점 위기를 면할 수 있었다.

그러므로 직원들이 계산된 자기비하와 엉터리 연극으로 목표를 설정하지 않게 하려면, 이익 배당과 목표 설정 사이의 연결고리를 과감히 끊어야 한다. 그럼에도 계속적으로 금전적인 자극을 이용하고 싶다면 간단한 해결책이 있다. 즉 앞으로는 목표의 초과 달성에 대해 보상을 하는 것이 아니라, 명중 비율에 따라 보상을 하는 것이다. 즉 직원이 다음 해에 도달할 수 있는 실적을 더 현실적이고 더 신뢰할 수 있게 책정할수록 그의 성과급을 더 높여주는 것이다. 당신은 이런 방법을 통해 목표 합의의 과정을 근본적으로 변화시킬 수 있을 것이다. 그러면 직원이 자신에게 유리하게 상황을 꾸미는 대신에 상사와 진정성 있는 대화를 나눌 수 있게 되고 최상의 경우 어려운 문제가 해결될 수도 있다. 내가 이 새로운 방식의 목표 합의 방식을 한 지점에 도입했을 때 한 경력 직원이 회의에서 노골적으로 이렇게 물어보았다. "우리가 과연 이런 방식에 익숙해질 수 있을까요?"

나는 이런 시도가 독립적인 기업에서는 대단히 멋지게 성공하겠지만 대기업에서는 그렇게 간단한 문제가 아니라는 말을 자주 듣는다. 그러나 나의 의견은 다르다. 중역들이 각자의 책임 영역 안에서 활동할 수 있는 범위는 흔히 그들 생각보다 훨씬 더 넓다. 그래서 중역들이 어떤 잘못에 대해 사과하면서 '별로 관련이 없는 본사'를 들먹이는 것은 흔히 자신의 태만과 비겁함에 대한 궁색한 변명이다. 당신은 위로부터 내려온 지시를 집행하거나 실행하기 위해 중역이 되었는가? 분명 그렇지는 않을 것이다. 나의 경우에는 우리 팀의 목표 합의 시스템을 성공적으로 변화시켰고, 그 덕분에 모든 독일 지점들 그리고 18만 5,000명의 직원들이 있는 세계적 콘체른의 본보기가 될 한 업무팀의 팀장이 되었다. 언제나 변화는 자신의 집 현관 앞에서 시작되는 법이다.

이런 이야기와는 별개로 성과급 혹은 상여금 형태의 (더 많은) 돈이 실제로 적절한 동기부여의 도구인가 하는 의문이 남는다. 2013년 여름에 잡지 《하버드 비즈니스 매니저》는 이 문제에 관한 수많은 연구들에 대해 지혜롭고 시큰둥하게 "돈이 전부가 아니다"라는 표제를 붙인 기사를 실었다. 수십 년 간 진행된 동기부여 연구의 핵심 내용은 무엇보다도 흥미롭지 않은 일을 할 때는 더 많은 돈이 더 적극적인 참여를 유발한다는 것이다. 그런데 어떤 일이 스스로에게 흥미롭고 충족감을 줄 때는 금전적인 자극이 오히려 강한 저항을 만들어내고 내재된 동기를 오히려 감소시킨다. 다르게 표현하자면, 내가 즐겁게 하는 일에 대해 돈으로 보상 받게 되면, 나는 그 순간부터 그 일을 단지 (더 많은) 돈을 받기 때문에 하게 된다.

예를 들어 당신이 아이들에게 집안일을 도와준 것에 대해 보상을 해본 적이 있다면 이런 '매수의 효과'를 잘 알고 있을 것이다. 아이들이 보상을 받기 전에는 야채를 썰고 잔디를 깎는 일 자체를 흥미진진하게 느끼지만, 일단 보상을 받은 후에는 '이번에는 어떤 보상을 받을까?'에 더 관심을 기울이게 된다. 20개월짜리 아기도 어떤 행동에 대해 작은 나무블록을 보상으로 받으면, 자신의 행동에는 더 이상 흥미를 느끼지 않고 보상에만 관심을 갖는다.

하버드 대학의 심리학자들은 이런 사실을 연필을 떨어뜨리고 아기가 주워오도록 하는 실험을 통해 확인했다. 다른 어린이들은 어떤 보상을 받자마자 퍼즐 게임에 대한 흥미를 잃어버렸다. 물론 직원들이 두 살짜리처럼 반응할 것이라고 생각하는 것은 무리가 있다. 그러나 성인들을 대상으로 한 연구들도 이런 결과를 더 확실히 확인시키고 있다. "사람들은 임금에 더 강하게 집중할수록, 지적인 호기심을 만족시키고 새로운 능력을 배우는 것에는 관심을 덜 갖게 된다"고 《하버드 비즈니스 매니저》는 추측하고 있다.

노동 심리학자이며 동기부여 연구자인 프레데릭 헤르츠베르거는 이미 50년도 더 전에 광범위한 설문조사를 통해, 돈은 동기를 부여하는 것이 아니라 '건강학적 요소'라는 결론에 도달했다. 즉 적절한 돈의 지불은 사람들이 불만스러워지는 것을 방지한다는 것이다. 그러나 돈의 지불이 결코 자동적으로 더 많은 만족감을 주지는 않는다. 진정한 동기부여는 예를 들어 책임의 위임과 인정을 통해 이루어진다. 동기부여에 대한 더 많은 내용은 뒤에서 더 다룰 것이다.

직원들의 진정한 참여의식은 돈으로 살 수 있는 것이 아니다. 그것은 선물로 받는 것이어야 한다. 당신이 그럴만한 공을 들였다면 말이다.

입사 지원자의 패기

성공의 열쇠

한 입사 지원자의 면접시험이 현재까지 잘 진행되고 있다. 그는 이 자리를 거의 손에 넣은 듯하다. 그런데 미래의 상사인 지점장이 소위 지원자의 목표지향성과 열정을 알아보기 위해, 자주 애용되는 교과서 같은 질문을 한다. "당신은 5년 후에 어디에 있고 싶습니까?" 지원자는 잠깐 머뭇거리다가 편안하게 이렇게 대답한다. "5년 후에요? 그때 저는 바로 당신의 의자에 앉아 있고 싶습니다!" 다른 임원들은 깜짝 놀라 말문이 막혔으나, 지점장은 그저 미소를 지을 뿐이다. 결국 이 지원자는 채용된다. 4년 반 뒤에 지점장은 예전의 그 지원자로부터 편지 한 통을 받는다. 내용은 이렇다. "5년의 시간이 거의 지나갑니다. 제가 이룬 성공들은 확실합니다. 도대체 저는 언제 지점장이 되는 건가요?"

■ ■ ■

한참 뒤에 지점장은 당시 나의 분명한 답변에 깊은 인상을 받았다고 말해주었다. 물론 그 모든 일이 잘못될 수도 있었을 것이다. 그러나 나는 그때 쉽고 간단하게 대답했던 내 결정을 오늘날까지도 옳았다고 생각한다. 결국 나는, 공격적인 내 표현 방식을 잘 다룰 수 있고 지금도 좋은 관계를 유지하고 있는 상사를 만날 수 있었다. 만약 채용의 조건이 온순함이었다면 그런 기업은 어차피 내게 잘 맞지 않았을 것이다.

내 경험에 따르면 직원들은 자신의 출세 욕구를 상사나 회사에 알려야 한다. 물론 그 전에 어떤 성과를 이루어놓아야 할 것이다. 나는 상사에게 과거의 내 야망을 다시 떠올리게 할 편지를 쓰기 전에 4년이 넘도록 열심히 달렸고 눈에 보이는 결과물들을 만들어냈다. 그러나 잘 하는 것만으로는 충분하지 않다. 다른 사람들에게 그런 사실을 알려야 한다. 2013년 여름에 《포커스》 매거진은 경제, 문화, 스포츠 분야의 유명인사들에게 '성공을 위한 최고의 방법'에 대해 물어보았다. 탄탄한 교육, 팀 정신, 평생 동안의 공부 등과 같은 일반적인 홍보용 대답들과 더불어 몇 가지 솔직한 답변도 있었다.

- "우리는 자신의 직업적 운명을 스스로 만들어가야 한다. 현상 유지에 만족하는 사람은 다른 사람들에게 쉽게 추월당한다."
- "한 기업에서 확실한 지위를 차지하기 위해서는 두 가지가 가장 중요한데, 이 두 가지는 서로 연관되어 있다. 첫째는 자기 자신의 용기다. 즉 스스로에 대한 신뢰와 자신의 성취능력에 대한 믿음이다. 두 번째로 기업에서 실제로 자신이 하는 것보다 더 많이 믿어주는 사람을 찾을 때 확실한 자리를 차지할 수 있다."

■ "냉정한 결단력 덕분에 오늘날의 내가 된 것 같다. 성취한 것을 결코 최종적인 결과로 보아서는 안 된다."

첫 번째는 RWE(라인-베스트팔리아 전력회사)의 회장인 페터 테리움이 한 말이고, 두 번째는 프랑스계 할인점 레베(Rewe)의 회장 알렝 카파로스의 말이다. 그리고 냉정한 결단력에 대해 언급한 사람은 세계적인 패션 디자이너 카를 라거펠트였다. 또한 "우리에게는 절대적으로 패기, 원칙, 그리고 강한 의지가 필요하다"고 세계선수권대회와 올림픽 석권자인 스키선수 마리아 회플 리쉬는 말했다. 그리고 슈퍼모델인 하이디 클룸은 자신의 성공이 맨 처음부터 늘 '다섯 걸음 미리' 생각했던 덕분이라고 소개했다. 결론은, 성공이란 만들어지는 것이지 어느 순간 단순히 '벌어지는' 일이 아니라는 점이다.

그러므로 성공하기로 마음먹은 사람은 적절한 순간을 놓치지 말아야 하고, 마침내 이룩한 성공이 묻히지 않게 해야 한다. 만약 당신이 상사로서 두 명의 훌륭한 직원을 데리고 있는데, 그 중 한 명만이 더 성공하고 싶다고 분명히 호소한다면 누구를 승진시킬 것인가? 당신이 뛰어난 능력자를 잃게 될 위험을 감수하기 싫다면 이 결정은 어렵지 않을 것이다.

직원들 관점에서는 다음과 같은 의미다 : 당신은 상사가 당신의 성공에 대해 알 수 있도록 해야 한다. 그리고 상사가 당신에게 무엇을 기대하는지 알아내기 위해 정기적으로 피드백을 받는 것이 바람직하다. 이때 당신이 분명한 정보를 원한다면, 등급을 정하게 하는 방식으로 질문할 수 있다. “1부터 10까지의 등급이 있다면, 당신은 나의 업무 능력에 대해 얼마나 만족하십니까? 여기서 등급 1은 가능하다면 해고하고 싶은 정도이고, 등급 10은 전반적으로 만족스럽고 승진하기에 충분히 성숙한 정도입니다.” 이때 중요한 것은 좀더 상세히, 다음과 같은 방식으로 이어지는 질문을 하는 것이다. “당신은 8등급이라고 말씀하셨습니다. 제가 등급 10에 오르기 위해 무엇을 할 수 있겠습니까?” 그러면 당신의 상사는 허튼 소리를 하는 사람이 되고 싶지 않다면 구체적으로 등급 10인 사람에게서 볼 수 있는 행동방식과 특징을 알려주어야 할 것이다.

불손함이 그렇듯, 자아의식은 부하직원이 상사에게 보이는 것이다.

하나를 선택해야 한다면
고집과 용기

이 대형 프로젝트는 3교대식 작업과 주당 7일의 작업으로만 기한에 맞게 달성할 수 있다. 그러지 않으면 심각한 철도 운행 지연사태가 발생할 것이다. 게다가 작업 정지는 영하 20도의 밤 기온 때문에 치명적인 결과를 유발하는데, 100대가 넘는 화물차들이 바닥에 얼어붙을 수 있기 때문이다. 모든 일이 순조롭게 진행된다. 유일한 입구 통로가 온종일 차단되기 전까지는 말이다. 왜냐하면 장관이 근처의 포르쉐 공장 개업식에 가기 위해 헬리콥터를 그곳에 착륙시켜야 하기 때문이다. 인부들의 항의와 불만의 목소리는 두 장의 개통식 입장권 이외에는 아무것도 얻은 것이 없다.
기계 장비들이 추위를 견디고 잘 작동되도록 유지하기 위해 현장감독은 건설 현장 바로 옆에 커다란 구멍을 파도록 지시한다. 그런데 너무 급히 작업하는 바람에 땅 주인이 누구인지, 거기에 어떤 관이 흐르고 있는지도 알아보지 않았다. 현장감독은 상당히 불안했지만 별 문제가 생기지는 않았다. 그런데 마침내 땅 주인이 (당연하게도) 불만을 제기한다. 동시에 건설회사는 생태학적으로 가치가 높은 늪지대를 이전시켜야 한다. 많은 대화가 오가고 며칠간의 잠 못 이루는 고민 끝에 해결책이 마련된다. 지방자치단체가 그 땅을 매입하고, 늪지대를 그곳으로 옮기는 것이다. 그 지역은 작은 자연보호 구역을 갖게 된 셈이고, 땅 주인은 좋은 가격을 받았다. 매입 공고, 복원 작업, 과태료, 이 모든 것이 한 번에 해결되었다. 정말 행운이었다.

■ ■ ■

물론 차분하게 그리고 사전에 문의한 후 결정을 내린다면 훨씬 더 좋을 것이다. 그러나 유감스럽게도 인생이란 것이 언제나 생각한 대로 흘러가는 것은 아니지 않은가. "결정을 내리지 않는 사람은 중역이 아니다"라고 경영 전문가인 프레드문트 말릭은 자신의 저서 《경영하기, 성취하기, 살아가기》의 서론에서 쓰고 있다. 다행히도 나는 위의 경우에 페스트와 콜레라 중 하나를 고르는 선택이 아니라, 매우 확실한 회사 측의 불만 제기와 혹시 있을지도 모를 땅 주인의 불만 제기 중 하나를 선택했다. 당시의 상황이 나중에 손해배상 요구 없이 잘 해결되었던 것은 행운도 따랐고 외교적인 노력의 산물이기도 했다.

사실 여기서 내가 중요하게 생각하는 것은 좀 다른 문제이다. 언제나 규정, 규칙, 그리고 암묵적인 법칙을 지키는 것이 당신에게 이득이 될까? 뭔가 엄청난 일을 하는 사람은 흔히 상식의 틀을 깨는 사람이다. 그런 사례는 스포츠에서 많이 찾아볼 수 있다. 예를 들면 1968년에 최초로 배면뛰기(포스베리 플랍)를 시도하고 그 덕분에 금메달을 딴 미국의 높이뛰기 선수 리처드 포스베리, 1974년에 최초로 스케이팅 기술로 크로스컨트리 대회에서 우승했고 '시토넨-스텝'으로 많은 항의를 불러일으켰던(다른 선수들은 그것을 "엉터리 기술"이라고 불평했다) 파울리 시토넨도 여기에 포함된다.

물론 기업 내에서는 스포츠 기술보다 규정이라는 망이 더 촘촘히 짜여 있고, 조직이 클수록 망 안의 코들이 서로 더 단단히 얽혀 있다. 만약 당신이 모든 서면 규율과 불문율을 지킨다면 아마도 누군가와 부딪히는 일은 없을 것이다. 그러나 당신은 부정적으로든 긍정적으로든 전혀 눈에 띄지 않는 사람으로 남을 것이다. 흔히 자기만의 생각을 고수하고 그것을 행동에 옮기는 사람이 출세할 가능성이 높다. 그러기 위해서는 때때로 개인적인 용기가 필요하다. 오로지 복종하는 산업역군들만 존재한다면 그 기업은 언젠가는 반드시 문제가 생긴다. 우리를 마비시키는 안전주의 정신 때문에 중요한 정보들을 놓치게 될 때에도 그 조직에는 문제가 생긴다. 혹은 진부하고 긴 회의에서 책임이 이리저리 미뤄지고 결국은 너무 많은 사람들에게 분배되어 실제로는 더 이상 아무도 그 결정에 대해 책임을 느끼지 않는 상황도 생긴다.

사실 더 사소한 결정을 내릴 때도 자신만의 생각과 약간의 용기가 필요하다. 나는 직장생활 초기에 프로젝트 계약을 진행하면서 상황을 기록으로 남기기 위해 디지털 비디오카메라를 구입하고 싶었다. 당시에 약 8,000마르크의 예산이 드는 일이었다. 내가 이런 생각을 말하자 상사는 이렇게 대답했다. "어렵겠네." 나는 프로젝트 진행자이면서 예산편성 책임자이기도 했기 때문에, 프로젝트 예산안에 작은 인쇄체로 이 항목을 써넣었다. 우리는 그 계약을 성사시켰다. "아, 여기 카메라도 들어 있군!" 나의 상사는 웃었고, 카메라가 마련되었다.

이런 경험을 통해 나는 사전에 허가를 구하는 것보다 나중에 용서를 구하는 것이 훨씬 더 쉽다는 결론을 내리게 되었다. 그래서 나는 예를 들면 나에게 유용하고 도움이 될 것 같은 모든 세미나들을 찾아다녔는데, 회사 인사과의 공지를 보고 간 것이 아니라 정확히 내게 필요한 시점에 도움을 받기 위해 먼저 찾아다녔다. 그리고 세미나 경험이 회사에 어떤 이득을 주었거나 긍정적으로 영향을 끼쳤을 때만 참가 경비를 청구했다. 그때가 바로 세미나 참가도 인정받고 상사에게 두드러지는 인상을 줄 수 있는 좋은 순간인 셈이다. 이런 사례들은 물론 아주 작은 시작에 불과하다. 그러나 작은 일에서 용기를 낸 경험은 조금 더 큰 용기가 필요한 경우를 위해 매우 유용한 훈련이 된다!

많이 물어보는 사람이 많은 대답을 얻는다. 베스트팔렌 지역의 격언

3장

위기와 딜레마

출구 찾기

낭떠러지 앞의 해결책

과연 성공의 공식이라는 것이 존재하기는 할까? 많은 경영 서적들이 그런 내용을 다루고 있고, 이 책에서도 그와 관련된 조언들이 소개되고 있다. 그럼에도 불구하고 책 바깥의 세상은 단순한 공식으로 설명하기에는 너무 복잡하다. 경영 분야에는 제빵 분야처럼 '성공 보장'이란 것이 없다. 그 이유는 무엇보다도 인간이 밀가루나 설탕처럼 측정이나 예측이 가능한 존재가 아니기 때문이다. 인간은 합리적으로 행동하지 않으며, 비합리적인 모습조차도 항상 동일하지가 않다. 왜냐하면 이 사회의 경제적인 상황이 점점 더 복합적으로 변하고, 전 세계적으로 밀접하게 연결되어 있으며, 그 수명도 짧아지고 있기 때문이다. 거기다가 커뮤니케이션이 더 이상 우편마차에 의존하는 것이 아니라 몇 초 만에 지구의 여러 곳에 소식이 닿을 수 있는 시스템으로 변했기 때문이다. 국제 무역은 13세기에도 이미 있었다. 그러나 마르코 폴로가 4년에 걸쳐 힘겹게 도착했던 중국의 그 장소에 이제는 오늘 비행기를 타면 내일 도착할 수 있다.

3장에서는 낭떠러지 앞에 서 있는 경영 상황에 대한 이야기를 다루고자 한다. 아마도 여기에 딱 맞는 '올바른' 해결책은 존재하지 않을 것이다. 그럼에도 불구하고 당신은 행동을 취해야 한다. 어떻게든 말이다. 도피가 하나의 해결책이 될 수 있을지는 한참 뒤에야 알게 될 것이다.

"저도 소리 지를 수 있습니다!"

화를 잘 내는 상사들

흔히 있는 팀 회의가 열린다. 프로젝트의 진행 상황, 작업이 더딘 하청업체, 누수 문제 등의 내용이 다루어진다. 일상적인 업무다. 프로젝트 책임자는 별다른 일 없이 오후를 보내고 있다. 그런데 갑자기 사무실 문이 부서질 듯 열리면서 상황이 완전히 바뀐다. '늙은 공룡'이라고 불리는 다혈질의 사장이 분노로 몸을 떨며 들이닥친다. 긴 설명도 없이 그는 소리를 질러대기 시작한다. "도대체 당신은 무슨 생각을 한 겁니까? 프로젝트 XY가 완전히 실패했어요. 왜 아무도 나에게 알리지 않은 겁니까?"

팀원들은 흥미롭게 이 장면을 눈으로 쫓고 있다. 그제야 프로젝트 책임자도 정신이 번쩍 든다. 그러는 사이 상사는 낯빛이 점점 더 어두워지고 주제를 바꾼다. "모든 일을 내가 직접 처리해야 합니까? 그렇다면 당신은 무엇 때문에 월급을 받는 겁니까?" 이 시점에서는 프로젝트 책임자의 인내심도 한계에 다다른다. 그는 일어서서 사장에게 맞서 소리를 지른다. "먼저 사장님께서 어떻게 된 일인지 사실을 파악하셔야 되지 않나요? 그리고 저도 사장님보다 훨씬 더 크게 소리 지를 수 있습니다!"

정적이 흐른다. 사장은 하고 싶은 험한 말이 목에 걸려 있는 듯하다. 그는 잠깐 숨을 쉬더니 이렇게 호통을 친다. "내일 아침 일곱 시, 내 방으로 오게!" 그리고는 문을 쾅 닫으며 회의실을 나간다. 그때 모든 사람들은 프로젝트 팀장이 이제 큰 곤경에 빠졌다고 생각한다. 그러나 다음날 팀장이 사장실에 나타났을 때 오, 기적이 일어난다. 사장이 먼저 사과를 한 것이다. 맞대응으로 소리를 질렀던 프로젝트 책임자의 뺨을 때리는 대신에 말이다. "저는 사실 해고를 당할 수도 있겠다고 생각했습니다!" 그러자 사장이 대답한다. "나에게 반박을 했던 것이 아주 좋았습니다! 당신도 알다시피, 죽은 자들만이 대세에 순응하는 법이니까요."

■ ■ ■

그리스의 의사 히포크라테스는 성을 잘 내는 성격의 근원이 피 속에 들어 있는 너무 많은 분노와 그것으로 인한 과열에 있다고 주장했다. 누군가 펄펄 뛰며 화내는 모습을 보고 있노라면 그런 주장이 일리가 있다고 생각하게 된다. 당대의 심리학자들은 이런 경우를 '충동조절 장애'라는 전문용어로 표현하고, 이런 증상을 보이는 많은 사람들이 역동적이며 동시에 강한 의지력의 소유자라고 설명하고 있다. 바로 그 때문에 경영진들 가운데 이런 부류의 사람들이 자주 발견되는 것이다.

이들에 대한 바람직한 심리적 대처 방법은 그들의 분노 폭발을 걸으로는 차분하게 참아내고 저항이나 조롱 혹은 맞대응을 자제해 흥분을 고조시키지 않는 것이다.

이 대처 방식에 따르자면 위의 '공룡 공격 사건'에서 나의 행동은 잘못되었다. 실제로 그 결과가 심각할 수도 있었다. 그러나 다른 한편으로 내가 그 순간에 고개를 조아렸다면 팀 내에서의 내 권위는 완전히 바닥에 떨어졌을 것이다. 그러느니 차라리 위험을 무릅썼던 것이다. 중역으로서 사람들이 보는 장소에서 어떤 행동을 한다는 것은 그 자체로 이미 화제가 된다. 당신이 무엇을 하든 상관없이 당신의 행동은 해석되고 평가된다. 만약 당신이 부임하면서 최초로 새로운 모델의 가구를 주문한다면 당신은 자기 과시욕에 중독된 사람이 된다. 당신이 필터 커피 대신에 오직 카푸치노만을 고집한다면 당신은 까다로운 사람이 된다. 당신이 상사가 소리치는 것을 듣고만 있다면 당신은 유약한 사람이 된다. 그러므로 특히 부임 후 처음 일주일 동안에는 당신이 어떤 행동을 하고 있고 그것이 어떤 영향을 미칠지를 잘 생각해야 한다.

내가 아는 한 판매부장은 부임한 지 2주째 되던 어느 날 늦은 오후에 보루시아 도르트문트 축구단의 응원복장으로 갈아입은 뒤 퇴근했다. 그런데 이 모습을 본 직원들이 그에게 호감을 느꼈고 수많은 대화를 통해서도 얻지 못하던 지지를 단숨에 얻게 되었다고 한다. 그의 모습을 보지 못한 사람들은 동료들이 퍼뜨린 사진을 보고 알게 되기도 했다(물론 상황에 맞는 축구팀이어야 했을 것이다). 맨 앞에 소개했던 이야기 속에는 그 외에 더 중요한 문제들도 숨겨져 있다.

1. 당신은 경영 일상에서 겪는 무리한 요구와 성격 시험에 어떻게 대처하는가?
2. 당신은 상사를 어떻게 관리할 수 있는가?
3. 당신 자신은 과연 얼마나 권위적인가?

첫 번째 항목(성격 시험) 요즘 '경영과 가치'라는 주제가 크게 유행하고 있다. 인터넷에는 이와 관련된 기사, 서적, 세미나 개최 등이 넘쳐난다. '가치를 의식하는 경영을 위한 단체'는 정기적으로 경영진에게 어떤 가치를 가장 중요하게 여기는지 질문했다. 여기에 따르면 2013년도 가치 순위의 상위 6가지는 신뢰, 성실, 책임, 존경, 지속성, 용기였다. 이런 순위는 2006년과 2010년에도 크게 다르지 않았고, 단지 1위에서 4위까지 약간의 변동이 있었을 뿐이다.

그런데 시간이 지나면서 나는 이런 가치 등급에 의문이 생겼고, 이 단체를 탈퇴했다. 내 경험으로 볼 때, 지나치게 보여주기 위한 목적으로 만들어진 이론은 흔히 험한 일상과 맞지 않는다. 당신도 이미 알고 있듯, 본보기는 본보기일 뿐이다. 아마도 아주 다혈질인 상사의 서랍 속에도 직원들과의 상호 존중적인 관계 유지가 규범으로 명시된 문서가 들어 있을 것이다. 중요한 것은 실천된 가치이지, 고귀한 목표 표명이 아니다. 당신이 실제로 가치를 실천했는지, 했다면 어떤 가치를 실천했는지가 바로 성격 혹은 기질의 문제인 것이다. 당신은 어떤 경우에 "이건 정말 아니라고 생각해!"라고 빨간 선을 긋는가? 누군가 당신이 있는 자리에서 당신의 상사를 비방할 때인가? 작은 부정행위나 심각한 규정위반을 보고도 두 눈을 질끈 감아야 할 때인가? 회사의 어떤 잘못에 대해 배상보다는 그 비용이 더 싸다는 이유로 한 직원에게 책임을 지게 하고 내몰아야 할 때인가?

회사 일이라는 것이 항상 제대로, 공정하게, 그리고 인간적으로 진행되는 것은 아니다. 따라서 이렇게 스스로 빨간 선을 긋는 것은 우리가 스스로에게 부끄러운 행동을 하고 괴로워하는 상황에 빠지는 것을 막아준다. 당신은 다르게 행동할 수 없었다고 말하고 싶은가? 바보 같은 소리다. 우리는 언제나 다르게 행동할 수 있다. 단지 우리는 그것에 대한 대가를 치를 준비가 되어 있어야 한다. 그러나 많은 경영진들이 너무 자주 허리를 굽혀서 척추연화증세가 있다는 이야기는 이런 문제에 대한 전망을 어둡게 한다.

두 번째 항목(상사 관리) 상사와의 관계에서도 척추를 똑바로 펴는 태도는 전혀 해가 되지 않는다. 당신의 상사는 당신의 능력과 충성(그러나 맹종은 아니다)을 원한다. 당신이 뛰어나고 신뢰감 있는 문제 해결사로 인정받을수록 상사와의 협동 작업에서 더 당당하고 적극적으로 당신의 의견을 개진할 수 있다. 능력이 뛰어난 사람은 무능한 직원보다 더 많은 것들이 허용되기 때문이다. 아마도 그 때문에 나도 맨 앞의 사례에서 무사했을 것이다.

만약 당신이 이런 여지를 어렵게 획득했다면, 자신에게 중요한 문제들을 위해 사용하라. 상사를 관리한다는 것은 기본적으로 상사가 좋아하는 의사소통 방식과 그 외의 특성을 배려한다는 것이다. 당신의 상사는 숫자를 좋아하고 세부적인 것에 대해 상세히 알려고 하는 사람인가? 혹은 숫자를 싫어하고 단지 커다란 전체 내용을 원하는 사람인가? 혹은 갑작스런 대화 속에서 어떤 문제에 대해 의논하기를 즐기는가? 아니면 예고 없이 방문하는 것을 싫어하는 사람인가? 당신의 상사는 충분한 안정장치를 해놓는 사람인가, 아니면 혼자서 결정을 내리는 사람인가? 당신의 대응방식을 거기에 맞춰야 한다. 왜냐하면 당신도 부하직원들이 당신의 업무 방식대로 따라와 줄 것을 기대하기 때문이다.

말을 너무 많이 하지 말고 상사의 뜻에 맞게 서류(동의서와 수락서)를 준비하라. 가장 바람직한 것은 상사가 단지 서명만 하면 일이 끝나도록 만드는 것이다. 당신이 마찰 없이 협력 작업을 수행한다면 결정적인 기회가 올 때 더 적극적으로 나설 수 있다. 만약 당신이 이 모든 것을 의식하고 있다면 다행한 일이다. 때때로 나는 세미나 참가자들이 자신들이 모시는 상사의 독특한 점을 비판하면서, 부하직원이 자신들의 독특한 기호는 왜 맞춰주지 못하는지 불평하는 모습을 보고 깜짝 놀라곤 한다.

만약 당신의 상사가 독재자, 전제군주, 혹은 책략가에 해당하는 극단적인 경우라면 꼭 명심해야 할 것이 있다. 바로 그런 사람들의 권력은 다름 아닌 부하직원들의 무능한 대응방식 때문에 더 커지기도 한다는 사실이다. 끊임없이 경계선을 넘는 상사의 주변에는 흔히 그에게 경계선을 그어주는 사람이 없다. 대부분의 직원들은 그런 상사의 간섭을 받으면 마음의 문을 닫고 말없이 견디거나, 아니면 이미 오래 전에 도망을 갔다. 그러나 진정한 추종자가 없는 경영자는 언젠가는 사상누각처럼 무너지게 되어 있다. 최고위층에게 명령을 내리는 사람이 아니라면 말이다. 심지어 그런 사람이 회사의 소유자라고 해도 무엇인가 바뀌지 않으면 대부분의 경우 회사는 그와 함께 무너질 것이 분명하다. 당신은 그렇게까지 오래 기다릴 것인가, 아니면 좀 더 일찍 스스로를 위해 경계선을 그을 것인가? 자제심이 전혀 없는 상사가 있다면 당신은 눈을 똑바로 보고 분명한 말로 그에게 직원들을 대할 때 자제하는 법을 가르쳐야 한다.

세 번째 항목(권위적인 경영의 문제) "소리를 지르는 사람이 나쁜 사람이다"라는 말이 있다. 이 말은 소리를 지르면 상대방이 말을 잘 알아들을 수 없어서 상황을 납득하기 어렵게 된다는 점에서는 일리가 있다. 이럴 때 상대방은 분노를 자제하기에도 바쁘다. 이렇게 일단 감정이 상하고 사이가 나빠지면, 공적인 일에서도 의사소통에 문제가 생기게 마련이다. 이런 상황에서는 뇌가 소위 자동조정장치를 작동시키는데, 그것은 공격을 하는 사람이나 공격을 당하는 사람이나 마찬가지다. 호통을 치는 것은 권력의 과시이기도 하기 때문에 상대에게 대단히 큰 굴욕감을 준다. 상사들이 부하직원들에게 호통을 치는 것이 일반적이며 반대의 경우는 거의 없다. 나는 앞의 공룡 사건에서 나의 반응이 오늘날까지도 적절했다고 생각한다. 그러나 상사에게 맞대응을 할 때는 새로운 직장을 찾을 각오를 해야 한다.

권력의 과시란 기본적으로 위계질서를 토대로 벌어지는 일이므로 권위적인 행동이라고 할 수 있다. 여기서의 권위란 업무 능력, 성실함, 그리고 개인의 위신과는 구분되어야 한다. 소리 지르기, 직원들을 무시하는 독단적 결정, 공개적인 질책과 비난, 공개적으로 생색내는 칭찬, 눈에 거슬리는 잘난 척하기, 자신의 무능함을 직원에게 미루기, 다른 의견들 무시하기, 불필요한 간섭, 그리고 사소한 실수를 가지고 실패자로 낙인찍기. 이처럼 우리는 권위적이고 독재적인 상사의 여러 모습을 잘 알고 있다. 권위적인 경영의 단점에 대해서는 대부분의 중역들도 분명히 알고 있다. 의존적인 직원들, 두려움, 실수와 문제의 은폐, 아이디어의 부재, 규정에만 충실한 근무(깊이 생각하고 고민하지 않음) 등등. 그럼에도 불구하고 권위적인 경영을 시도하려는 사람이 있다면, 그 사람은 위와 같은 모든 문제점을 감수할 수 있을 만큼 천재적이고, 대단히 박식하고, 모든 분야에서 일인자이고, 24시간 대기 가능한 사람이어야 할 것이다. 만약 그런 사람이 실제로 존재한다면 혹시나 성공할 가능성이 있을지도 모르겠다.

모두가 말로는 협조적인 경영을 추구한다. 그러나 업무와 인간관계의 스트레스 속에서 많은 경영진들이 권위라는 지름길을 택하곤 한다. 그러한 경우들이 쌓이면 경영진이 진심으로 협조를 제안해도 직원들은 권위적 경영을 위한 구실로만 받아들이고 진지하게 여기지 않게 된다. 그렇다고 해서 당신의 부서를 토론 클럽으로 만들어야 한다는 뜻은 아니다. 모든 결정이 직원들의 동의를 필요로 하는 것은 아니며, 모든 결정이 팀에서 자세히 토론될 필요도 없다. 그러나 직원들에게 어떤 결정이 어떻게 내려지는지, 어떤 문제에서 진정한 공동 결정이 필요하고 어떤 문제에서 추진력이 요구되는지 투명하게 알려야 한다는 말이다. 그리고 이때 당신은 객관적이고 정직해야 한다. 어떻게 결정할 것인지를 결정하는 것, 그리고 때로는 스스로 용감하게 결정을 내리는 것, 그것이 경영의 핵심이다.

만약 당신이 스스로 무능하다고 느낀다면, 분명히 당신이 옳다. 만약 당신이 그렇지 않다고 느낀다면, 그것도 분명히 옳다.

"각목을 위로 올리게!"
질문의 유용함에 대해

한 수습사원이 건설 현장에 출근한 지 몇 주 지나지 않았을 때, 그의 동료가 이렇게 소리친다. "각목을 저 위로 올리게!" 그러면서 동료는 대형 공사 현장의 3층을 가리킨다. 바닥에는 적지 않은 각목들이 쌓여 있다. 각목 한 개의 길이가 3미터이고 무게는 약 20킬로그램에 달한다. 수습사원은 순종적으로 첫 번째 각목을 어깨에 둘러메고 임시 목재 계단을 오른다. 그 다음에는 두 번째, 세 번째 각목을 계속 위로 나른다. 몇 분 지나지 않아 그는 땀으로 범벅이 되지만 일을 멈추지는 않는다. 약한 모습을 보이고 싶지 않기 때문이다! 마침내 그를 불쌍히 여긴 작업반장이 크레인 기사에게 신호를 보내고, 크레인 기사는 나머지 목재 더미를 15초 만에 완벽하게 위로 옮겨놓는다. 작업반장이 그에게 남긴 말은 이것뿐이다. "제발 먼저 질문을 하게, 젊은이!"

10년 뒤에 과거의 수습사원은 지점장으로서 중역의 대열에 오른다. 그의 사무실에는 지도가 걸려 있다. 직원들의 거주지는 빨간색 핀으로 표시되어 있고, 일하는 장소는 파란색으로 표시되어 있다. 그 지도를 보면, 베를린에 살면서 수년 전부터 라이프치히에서 일을 하거나 그 반대의 경우인 사람들이 몇 명 있다. 그렇다면 최상의 상태로 만들어보자! 신속하게 파견 장소와 계약조건이 변경된다. 지점장은 결근일수를 줄일 수 있는 동시에 직원들이 매일 저녁 집에서 밥을 먹을 수 있을 것이라 생각하며 좋은 반응을 기대한다.
그런데 실제로는 기대했던 긍정적인 반응 대신에 직원들의 거센 항의가 쇄도한다. 왜냐하면 모든 것이 이미 수년에 걸쳐 기존 상황에 맞게 정착되어 있었기 때문이다. 즉 변화가 오히려 더 번거로웠던 것이다. 역시 작업반장이 옳았다. 일을 시작하기 전에 제발 질문을 하라!

■ ■ ■

"질문을 하지 않는 사람은 어리석은 채로 남게 된다." 아이들은 이런 교훈을 이미 TV 프로그램인 '세서미 스트리트'에서 배운다. 당신은 하루에 얼마나 많은 질문을 하는가? 곰곰이 생각하기 전에 이 점을 먼저 기억하라. 여기서 질문이란 다른 사람을 이해하려는 의도를 가진 것을 말한다. 통제를 위한 질문(지금 어디서 오는 길입니까?), 과거를 다시 언급하는 질문(어떻게 그런 일이 벌어질 수 있었나요?), 책임을 묻는 질문(누가 그 일을 망쳤습니까?), 그리고 당연히 일상적 계획을 위한 질문("점심 때 누가 오나요?"부터 "내 비행기표 예약했나요?") 등은 여기에 해당되지 않는다. 이런 범주에 들지 않는 질문들을 당신은 얼마나 많이 하는가? 오늘은 그런 질문을 해보았는가?

대부분의 중역들은 행동 지향적이고 결정 내리기를 좋아하기 때문에 특히 더 질문을 많이 해야 한다. 그러나 어떤 일에 대해 길게 이야기하는 것보다 먼저 행동하기를 좋아하는 사람은 때때로 지름길을 선택할 위험성이 크다. 나는 좋은(!) 질문의 유용함을 인정하기까지 충분히 많은 아픈 경험을 했다.

물론 유용한 질문의 경우에도 어투가 중요한 역할을 한다. 이미 말했듯 진정한 의미의 질문은 상대를 이해하기 위해 하는 것이다. 당신의 질문이 실제로 그런 의도인지, 그리고 당신이 진정으로 상대방의 대답에 관심이 있는지, 혹은 그저 의무감에서 묻는 것인지, 당신이 이미 머릿속에서 대답을 준비하고 있는 것은 아닌지를 상대는 당신의 어투와 제스처를 통해 알 수 있다. 그러므로 마치 TV 드라마 속 형사처럼 용의자를 심문하듯 질문하지 말라. 한 세미나 참가자는 직원들이 자신을 '형사 콜롬보'라고 부르는 것이 대단히 자랑스럽다고 말했다. 왜냐하면 그가 마치 낡은 트렌치코트를 즐겨 입는 전설적인 형사처럼 핵심에 접근하는 질문을 계속하다가 갑자기 사람을 몰아세우기 때문이라고 한다. 나는 실수와 책임자를 찾아내는 그런 냉정한 방식이 직원들과의 성공적인 협력에 도움이 될 것인지에 대해 그와 오래 이야기를 나누었다.

여기 내게 아주 중요한 세 가지의 핵심 질문을 소개한다.

1. "어떤 조건이라면 이 사안을 결정할 수 있겠습니까?"

이 질문을 이용해서 당신은 성과 없는 찬반 토론을 공동의 해결책

찾기로 바꿀 수 있다. 또한 직원들의 에너지를 논쟁 대신에 건설적인 토론으로 돌릴 수 있다. 심지어 이 간단한 '조건의 질문'으로 전쟁도 막을 수 있다. 2013년 9월 초에 젊은 CBS 특파원인 마가렛 브렌난이 한 프레스 컨퍼런스에서 미국의 외무장관인 존 캐리에게 이렇게 물었다. "아사드 정부가 미국의 공격을 중지시키기 위해 할 수 있는 일이 있습니까?" 캐리가 대답했다. "물론입니다. 그가 다음 주 안에 일체의 화학무기를 국제단체에 넘긴다면 말입니다." 비록 미국의 외교부가 재빨리 이 말을 "비유적인 표현"일 뿐이라고 선을 그었지만, 이것을 기회로 외교적인 노력이 시작되었고, 시리아에 대한 미국의 공격이 일단 중단되었다.

2. "무엇 때문에 그것이 당신에게 중요합니까?" 혹은 "그것에는 어떤 유용함이 있습니까?"

이 질문을 통해 당신은 상대에게 자신의 동기를 설명할 수 있는 기회를 줌으로써 갈등에서 벗어날 수 있다. 더불어 진심으로 그의 요구에 관심이 있다는 것을 증명할 수 있다.

3. "1부터 10까지의 등급에서 1은 ~을 의미하고 10은 ~을 의미한다면 당신은 어떻게 표현하겠습니까?"

우리는 거의 모든 것에 대해 측정 단위를 가지고 있다. 즉 정확하게 센티미터, 킬로그램, 혹은 분으로 표시한다. 이 질문은 당신이 측정할 수 없는 것(감정, 욕구, 평가)을 파악할 수 있도록 도와준다. 초보 중역은 직원에게 이렇게 물어본다. "당신은 자신의 일에 만족합니까?" 경력자는 이렇게 물어본다. "당신은 자신의 일에 얼마나 만족합니까?" 전문가는 이렇게 묻는다. "1부터 10까지의 등급이 있다고 할 때, 1은 '내일 사표를 내고 싶다'이고, 10은 '대단히 만족한다'입니다. 당신의 일에 대한 만족도는 어디에 해당됩니까?"

이렇게 등급을 나누는 질문은 책에서 더 자주 등장한다. 그러나 유감스럽게도 이 질문의 가장 소중한 가치는 자주 망각된다. 바로 되묻는 대답에서 그 가치가 더 발휘된다는 점이다. 즉 "등급 8에서 10이 되려면 내가 무엇을 할 수 있을까요?" 또는 "당신은 무엇을 할 수 있을까요?(무엇이 필요한가요, 무슨 일이 벌어져야 합니까?)" 이런 되물음이 비로소 진정한 이득을 가져오는데, 왜냐하면 불명료한 감정이 눈으로 볼 수 있는 행동으로 전환되기 때문이다. 이렇게 되묻는 질문에 대답을 한 사람도 역시 자신의 말에 대한 책임을 지게 된다. 동시에 중역으로서 당신은 위의 질문들을 통해 부정적인 이미지를 조금 변화시킬 수도 있다. 어쩌면 당신은 지금까지 스스로 생각했던 것처럼 그렇게 '협조적'인 사람이 아닐지도 모르니까 말이다.

"질문하는 사람이 리드한다." 자주 쓰이는 이 말은 너무 짧다. 올바른 질문을 하는 사람만이 진정한 리더다. 현명한 질문의 중요성을 알려주는 사례로 '곰과 죽음의 명단'에 대한 우화가 있다. 아마도 당신은 이 우화를 들어본 적이 있겠지만, 다른 사람들을 위해 짧게 소개하겠다.

숲 속에 곰이 죽음의 명단을 가지고 있다는 소문이 퍼졌다. 소문은 금방 동물들을 두려움과 충격에 빠지게 만들었다. 마침내 여우가 마음을 단단히 먹고 곰에게 갔다. "곰아, 내가 너의 죽음의 명단에 들어 있니?" "그렇다!" 곰이 으르렁댔다. 여우는 깜짝 놀라서 그 자리에서 빠져나왔다. 얼마 지나지 않아 여우는 죽었다. 이번에는 멧돼지도 알고 싶었다. "곰아, 내가 너의 명단에 들어 있니?" 곰이 그렇다고 확인해 주었고, 멧돼지도 이내 죽은 채로 발견되었다. 끝으로 토끼가 찾아갔다. "곰아, 내가 너의 명단에 들어 있니?" 곰은 명단을 들여다보더니 고개를 끄덕였다. 그러자 토끼는 떨면서 이렇게 물어보았다. "그러면 혹시 나를 명단에서 지워 줄 수 있니?" "물론이지." 곰은 말했다. "전혀 문제없어!"

> 어떤 사람이 현명한지 아닌지는 그의 대답에서 알 수 있다. 어떤 사람이 지혜로운지 아닌지는 그의 질문에서 알 수 있다. 나기브 마푸즈

베스트프렌드의 해고
결정의 기로에서

두 명의 야심찬 경영공학 졸업생이 있다. 한 사람은 현장감독으로, 다른 사람은 회계검사관으로 직장생활을 시작한다. 구서독 지역 출신인 두 사람이 구동독 지역에서 일하는 탓에 시작이 쉽지 않았고, 그런 점에서 일종의 '고난 공동체'가 되어 서로에 대한 끈끈한 우정이 생긴다. 몇 개월 후에 회계검사관이 현장감독에게 솔직히 말한다. "나는 이 일이 아주 불만족스럽네. 뭔가 새로운 일을 찾을 걸세."
얼마 지나지 않아 현장감독은 상사의 부름을 받는다. 그가 상사에게 받은 첫 번째 지시는 이렇다. "당신은 앞으로 한 명의 회계검사관으로 버텨야 합니다! 두 명 중 한 명을 해고하세요!" 이로써 현장감독은 어려운 선택의 기로에 서게 된다. 어차피 떠날 생각을 하는 친구를 해고하고 우정을 희생할 것인가? 아니면 친구 대신 다른 사람을 해고하고 친구가 여길 떠나면 회계검사관 없이 견딜 것인가?
결국 현장감독은 친구와 터놓고 이야기하며 이렇게 물어본다. "자네는 내가 어떻게 했으면 좋겠는가?" 친구가 대답한다. "나에게 3개월만 시간을 주게. 그때까지 내가 어떤 일이든 찾아서 조용히 떠나겠네." 그대로 일이 진행된다. 우정의 직접적인 붕괴는 피할 수 있었다. 그러나 두 사람은 서로 잘 만나지 않는 사이가 되었다.

■ ■ ■

당신도 샌드위치 상황에 처해 있는가? 아, 불쌍한 당신! 일간지나 경제 매거진, 경영 트레이너나 인사 컨설턴트, 모두가 같은 의견이다. 즉 중간급의 중역은 기업에서 남의 죄를 대신 감당하는 사람이라는 사실이다. 그들은 최고위층 간부들과 직원들 사이에서 유린당하고, 모든 부서의 어느 자리에나 임명되고, 쉴 새 없이 일하면서도 확실한 승진도 기대할 수 없다. 그런데다가 글로벌화와 비용절감 경영의 결과로 퇴출 압박은 날로 심해지고, 직원들은 갑자기 진정한 가치 경영을 요구하거나 초과근무 거부 혹은 심지어 육아 휴직을 요구한다. 한숨만 나오는 상황이다.

그러나 나는 중견 간부들의 이런 불평불만에 동조하지 않는데, 그 이유를 잘 들어보기 바란다. 나는 샌드위치 상황이라는 이미지 자체가 잘못된 경영을 유발할 뿐 아니라 당신에게도 결코 좋을 것이 없다고 생각한다. 일단 중역의 대열에 들어선 사람은 진영이 바뀐 셈이다. 이제 그는 '저 위쪽 사람들'에 속해 있다. 비록 아직은 최고위층 간부들이 있는 꼭대기와는 거리가 있지만 말이다. 당신이 샌드위치 상황에 대해 느끼는 슬픔의 일부는 잘못된 기대에서 나온 것이다. 즉 물에 젖지 않고 몸에 묻은 먼지만 털어낼 수 있다는 기대 말이다. 쉽게 말하자면, 우리는 경영도 할 수 있고 동시에 모든 직원들과 좋은 친구가 될 수도 있으며 (승진 후에도) 계속 그럴 수 있다고 잘못된 기대를 하는 것이다. 그러나 최고 경영진의 결정을 직원들에게 전달하는 것은 중견간부로서 당신이 맡은 중요한 임무 중 하나다. 그 일이 당신에게 늘 쉽지는 않겠지만, 그럼에도 불구하고 직원들 앞에서 이렇게 불평하는 상사보다 더 한심한 사람은 없다. "그러니까 말입니다, 우리는 ~해야 합니다. 에, 내 말은, 본사에 있는 사람들의 결정이라는 뜻입니다. 나도 그 결정이 마음에 들지 않지만 내가 어떻게 하겠습니까?"

무력하게 손가락으로 다른 사람을 지목하는 대신에, 당신의 에너지와 창의성을 최고위층의 결정을 어떻게 전달할 것인지에 사용하라! 당신이 가지고 있는(그리고 많은 경영자들이 지극히 과소평가하는) 자기계발의 가능성을 최대한 이용하라. 그리고 정의에 대한 당신의 욕구를 가능한 정도까지는 충족시키기 위해 노력하라. 앞의 사례에서 시간적인 유예를 준 것처럼 말이다. 그렇게 하는 것이 당신의 직원들에게도 징징거리는 말뿐인 고백보다 훨씬 더 효과가 있다. 훈계와는 완전히 작별하라. 당신은 예전 동료들의 상사가 되어서도 계속해서 직원들과 볼링을 갈 수도 있고 술집에 갈 수도 있을 것이다. 그런데 누가 상사인 당신 옆에 앉아 맥주를 마시면서 훈계를 듣고 싶겠는가? 이때 당신이 그런 자리를 전혀 부담스러워 하지 않는다는 사실은 전혀 중요하지 않다. 아마도 당신의 직원에게 문제가 있을 가능성이 크기 때문이다.

압박을 견디는 것도, 위로부터의 압박을 최대한 완화시키는 것도 당신의 임무다. 만약 위에서 정당한 혹은 별로 정당하지 않은 질책을 듣고 그 즉시 부하직원들에게 전달하는 것은 대개 자신의 책임을 모면

하려는 행동이다. 그보다는 질책을 들은 후에 구체적으로 무엇을 해야 하는지(그리고 과연 해야 할 일이 있는 것인지, 아니면 이사가 단지 그 순간에 기분이 나빴던 것인지. 그런 일도 종종 생기니까 말이다) 냉정하게 고민해야 한다. 물론 간단한 일은 아니다. 당신은 평사원으로 일할 때보다 더 많은 전략적인 기술, 더 많은 침착함, 더 많은 용기가 필요할 것이다.

때때로 당신은 전문지식을 더 배워야 할 것이며, 때때로 정직하고 솔직하고 투명해지는 데 용기가 필요할 것이다. 무엇보다도 반응이 좋지 않을 결정을 내리는 데 용기가 필요할 것이다. 그것은 고통스러운 학습 과정이다. 그런 일의 반복으로 인해 번아웃 증후군(한 가지 일에만 몰두하던 사람이 신체적 · 정신적인 극도의 피로감으로 인해 무기력증, 자기혐오, 직무 거부 등에 빠지는 증상 - 옮긴이)이 문 앞에서 노크할 때까지 기다리지 말고 적절한 시기에 경영 컨설턴트의 도움을 받는 것도 현명한 방법이다.

절이 싫으면 중이 떠나야 한다. 상황에 적응하라!

흡연 혹은 금연?

그들끼리의 회의

정확히 1월 2일에 새로 온 지점장이 첫 출근을 한다. 그런데 1월 4일에 벌써 첫 번째 난감한 문제에 부딪힌다. 이 문제는 현재 이 지점이 겪고 있는 경제적 어려움과는 전혀 상관이 없다. 18명의 직원 중 거의 절반이 부서 내에서 앞으로는 더 이상 흡연이 허용되지 않기를 바라고 있다. 전임자가 흡연자였기 때문에(당시에는 몇몇 기업에서 그랬듯) 담배를 피워도 된다는 규칙이 통용되었다. 그런데 이미 몇몇 사람이 기쁜 마음으로 확인한 바와 같이 새 지점장은 비흡연자다. 어떻게 해야 할까? 흡연 금지? 그렇게 하면 흡연자들이 분명 '신참'에게 불만을 품을 것이다. 흡연을 계속 허용한다면? 그러면 비흡연자들이 화가 날 것이고, 지점장에게는 추진력이 없다는 낙인이 찍힐 수도 있다. 해결책은? 다음주에 9시부터 12시까지 회의 소집.

예고된 날 지점장은 깜짝 놀라는 직원들에게 흡연 문제에 대한 해결책을 스스로 찾는 데 3시간을 주겠다고 말한다. 그것도 모두가 동의하는 해결책을 찾아야 한다. 지점장은 그 해결책이 어떤 것이든 그대로 받아들이겠다고 한다. 유일한 조건은, 그 해결책이 합의(투표가 아니라)로 정해져야 한다는 것. 그는 이제 직원들만 남겨두고 자리를 비켜준다. 그들의 의견이 하나로 모아지면 회의는 즉시 끝날 것이다. 12시가 되기 직전에 한 대표자가 지점장에게 와서 아직 해결책을 찾지 못했다고 알린다. "괜찮습니다. 그러면 내가 당신들을 위해 피자를 주문하겠습니다. 여러분은 회의를 계속하세요! 그래도 결정되지 못한다면 내일 다시 계속합시다!"

마침내 3시에 합의가 이루어진다. 거의 사용하지 않는 부엌 중 하나를 흡연실로 개조하기로 한 것이다. "앞으로는 거기서만 흡연이 허용됩니다!" 그대로 실행되었고 이로써 모두가 만족하는 결과가 나왔다. 지점장은 이 우아한 해결책을 통해 난감한 문제로부터 해방되었다. 비용은? 어떤 경우에도 부서 내의 해로운 공기가 가져올 미래의 손실비용보다는 훨씬 적게 들었을 것이다.

■ ■ ■

내가 그렇게 되기까지, 즉 나의 참석이 굳이 필요하지 않은 회의에 과감히 빠지기까지는 수년의 시간이 걸렸다. 중역으로서 첫 번째 시기에는 나도 내가 직접 간섭하지 않으면 회의가 너무 오래 걸릴 뿐 아니라 내가 감당할 수 없거나 감당하고 싶지 않은 결과가 나올 것 같은 두려움 때문에 많은 결정을 독단적으로 내렸다. 두 번째 시기가 되자 나는 스스로 '협력적 경영'이라고 여기는 방식을 시도했다. 즉 모든 직원을 불러 모아놓고, 나를 위한 나만의 의견을 말하되 모든 언어적 트릭을 동원해 토론 방향이 결국에는 내 생각대로 흘러가도록 유도했다. 세 번째 단계가 되어서야 비로소 나는 상사가 결코 모든 것을 간섭할 필요가 없다는 것을 알게 되었다. 또한 나는 실행 가능한 차선책이, 직원들의 거부로 중지되어 실행될 수 없는 (내 눈으로 보기에는) 최고의 방법보다 더 낫다는 것도 알게 되었다. 그 외에도 나는 세 번째 단계에서 '전제조건 안에서 생각하기'를 시험했고, 의견 합의가 안 되는 문제에서 끝도 없는 찬반의 핑퐁 토론을 종식시켰다. 그 핵심 질문은 이렇다. "어떤 조건이라면 이 사안을 결정할 수 있겠습니까?"

직원들은 전제조건들을 세부화하고 그것의 충족 가능성과 불가능성을 근거로 합의에 이르는 법을 빠르게 배웠다. 처음에 아무도 의견을 말하려고 하지 않자, 나는 기다릴 수 있다는 것을 시위하기 위해 회의 중임에도 밀려 있던 우편물들을 꺼내 처리하기 시작했다. 그러자 직원들은 5분 이상 침묵을 견디지 못했다. 직원들은 그때 내가 미웠을 것이다. 이제 회의가 제대로 힘든 일이 되었다. 함께 생각하고 고민해야 되며 거부할 수도 없기 때문이다. 이 방식에 반대하는 사람은 대안을 내놓아야 한다. 시간이 흐르면서 직원들은 비로소 이런 방식의 회의를 통해 아래에서 위로 진정한 영향력을 행사할 수도 있다는 점을 깨닫게 된다.

바로 여기서 아주 작은 한 걸음만 더 나아가면 이런 생각에 도달한다. "나는 도대체 왜 이 회의에 앉아 있는가? 내 직원들이 이런 회의를 나 없이 할 수는 없을까?" "중역인 내가 도대체 왜 모든 사소한 일에 관여해야 하는가?" 흡연 사례에서도 볼 수 있듯, 문제 해결의 임무를 스스로 감당할 것인지 아닌지는 바로 상사인 당신에게 달려 있다. 문제란 언제나 그것이 발생한 곳에서 해결되는 법이다. 또한 휴가 중 업무 위임과 휴가일정 짜기와 같이 갈등의 원천이 되는 악명 높은 문제들은 직원들에게 맡기는 것이 낫다. 그들은 누가 지난 3년 동안 연말에 휴가를 냈는지 그리고 누가 그렇지 않은지를 당신보다 훨씬 더 잘 알고 있기 때문이다.

중역의 임무는 모든 문제를 스스로 해결하고 모든 결정을 직접 내리는 것이 아니다. 그보다는 첫째, 어떤 결정을 직접 내려야 하고 어떤 결정을 팀에서 공동으로 내려야 하는지를 구분하는 것이다. 둘째, 중역들은 어떤 경우에 단체 결정이 합의로 이루어져야 하고, 어떤 경우에 투표를 적용해야 하는지에 대해 확신을 갖고 있어야 한다. 직원들이 지속적으로 함께 견뎌야 하는 모든 사안에 대해서는 합의에 의한 결정이 필요하다!

어떤 문제가 단체 회의를 통해 결정되어야 하는지는 다음과 같은 기준을 참고해서 파악할 수 있다.

- 다양한 입장을 고려할 필요가 있는가?
- 직원들이 직접적으로 결정의 영향을 받는가?
- 결정 방식이 그 문제에 적합한가?
- 직원들이 효과적으로 함께 의논할 능력이 있는가?

예를 들어 다른 지점의 인수와 같은 문제는 위의 기준을 고려할 때 매우 확실하게 직원들의 합의가 필요하다. 또한 회사 건물을 개축한 후에 2인용 사무실에서 일할 것인지 아니면 대형 공간에서 일할 것인지, 혹은 계속해서 고정된 근무지에서 일할 것인지 아니면 각자 자리가 생기는 곳에 갈 것인지의 문제도 역시 합의가 필요한 사안이다. 이와 달리 "지역 행사에 함께 참여할 것인가?" "우리 부서의 비서에게 어떤 생일 선물을 할 것인가?" 혹은 "구내식당에 채식의 날을 만들어야 할까?"와 같은 문제 때문에 회의를 소집하는 것이 의미가 있는지는 중역들이 각자 결정할 일이다. 만약 당신이 확신이 서지 않는다면, 마음속으로 회의에 참석하는 사람들의 봉급을 다 더해보라. 왜냐하면 "결정 방식이 그 문제에 적합한가?"는 곧 "그 문제가 회의 비용이 아깝지 않을 만큼 충분히 중요한가?"를 의미하기도 한다.

"컨퍼런스는 많은 것이 들어가지만 나오는 것은 별로 없는 모임이다"라고 독일의 무대 예술가인 베르너 핀크는 말했다. 이 점에 대해서는 오늘날까지 변한 것이 별로 없다. 그러나 당신의 직원들을 그런 회의에 시달리게 할 것인지 아닌지는 당신에게 달려 있다. 아니면 혹시 당신은 회의용 테이블 앞에 서서 사람들을 모아놓고, 자신이 가장 중요한 사람이라는 느낌을 즐기고 싶은 것인가? 아, 그렇다면 유감스럽게도 아무도 당신을 도울 수 없다. 왜냐하면 당신에게는 전혀 다른 문제가 있기 때문이다.

혼자서 결정을 내리지 않는 것이 현명한 결정일 수도 있다.

"그러면 나는 목을 매겠습니다!"

협박에 대처하는 법

한 하청기업이 자금 부족에 시달리게 되자 가장 큰 위탁기업을 찾아간다. "저희가 지금 좀 어렵습니다. 15만 유로를 선불해 주실 수 있겠습니까?" 위탁기업은 고개를 흔든다. "도와주시지 않으면 저희는 다음 주에 파산할 겁니다!" 위탁업자는 끄떡도 하지 않는다. "나는 그렇게 할 수 없습니다."

그러자 하청기업 대표는 주머니에서 지갑을 꺼내 세 아이의 사진을 테이블 위에 던진다. "저를 도와주지 않는다면 저 숲에 가서 목을 매겠습니다!" 그러면서 그는 사무실의 창문 너머를 가리킨다. 위탁업자는 겉으로는 전혀 동요 없이 대답한다. "그렇게 하세요. 아마 회사 마당에서 적절한 줄을 찾을 수 있을 겁니다." 하청업자는 입술을 깨물고 사진을 집어넣고 문을 쾅 닫고는 사무실을 나간다. 일주일 뒤에 그는 파산신고를 한다. 1년 뒤에 그는 다시 회복되었고 가족 중 한 명의 이름으로 다시 사업을 계속한다.

몇 달 뒤에 이 '마음 따뜻한' 위탁업자는 다시 새로운 협박을 받게 된다. 그의 핵심 직원 중 한 명이 사무실에 찾아와서 급격한 임금 인상을 요구한다. "아니면 저는 회사를 떠나겠습니다!" 이번에는 위탁업자가 다르게 반응한다. "당신 말이 맞습니다. 당신의 실적을 고려하면 내가 먼저 이야기를 꺼냈어야 했어요."

■ ■ ■

만약 하청업자가 실제로 목을 매어 자살했다면 내가 어떻게 되었을지 모르겠다. 사건 당시의 나는 지금과는 전혀 달랐다. 그러나 나는 그동안 깨닫게 되었다. 등장이 극적일수록 대부분 그 뒤에는 별로 좋지 않은 것이 숨겨져 있다는 것을 말이다. 당신은 앞의 두 번째 이야기(24쪽)에서 건설 위탁업자의 가증스러운 눈물의 호소를 기억할 것이다(당신은 진정으로 20가구가 당신 때문에 크리스마스를 새 집에서 보낼 수 없게 되기를 바랍니까?). 그럼에도 불구하고 어떤 것이 정답인지 확실한 것은 없다. 하청업자 스스로 회사를 그런 상황으로 만들었을 뿐, 내게 그 책임이 없다는 생각에는 여전히 변함이 없다. 우리 회사 입장에서는 15만 유로의 손실을 막은 셈이다.

반면에 나는 많은 컨설턴트들이 경고하는 일이긴 하지만 임금 인상을 요구하는 협박을 타당하다고 여겼다. 냉철하게 관찰해 보면 두 가지 가능성이 있다. 임금 인상 요구가 정당한 경우이다. 그렇다면 신속하게 임금을 올려주지 않는 것은 경영진의 태만이다. 그런 요구가 지나치거나 결코 정당하지 않은 경우도 있다. 그렇다면 아마 직원은 사표를 쓸 위험을 감수해야 할 것이다. 그리고 바라건대 "그렇지만 임금 구조가……"부터 시작해서 "선례를 만들 수 없네"를 포함해 "나는 아무런 힘이 없다네"까지의 진부한 핑계를 대는 것은 그만두자. 해결책이란 언제나 원하면 찾아지게 마련이다. 나의 경우는 수년간의 힘겨운 중노동 후에 임금이 15퍼센트 감소되어야 하는 상황에 처하게 되자 — 지점의 모든 직원들 임금은 본사의 결정에 따라야 했기 때문에 — 상사에게 이렇게 말했다. "만약 제 임금이 깎인다면 저는 그만두겠습니다!" 그러자 회사는 일시적으로 내 임금을 15퍼센트 인상해서 일괄적인 15퍼센트 임금 삭감 후에도 내 임금이 원래 수준으로 유지되도록 조치했다.

당신의 직원은 그가 받는 돈만큼 가치가 있는가?

"성과급은 취소되었네"

충성의 문제

지점의 직원들은 예년보다 훨씬 더 많은 성과를 내기 위해 힘겨운 몇 개월을 보냈다. 기한의 압박, 까다로운 고객, 게다가 홍수와 그로 인해 발생된 지연사태. 몇 개월 동안 자유로운 저녁 시간도, 주말의 여유도 없었다. 그렇게 해서 제반 과제들을 성공적으로 끝냈다. 이곳의 지점장은 이런 노고에 대해 5만 유로의 성과급이 적절하다고 여겼고 사장은 그에게 악수로써 성과급 지불을 약속한다.

몇 주가 지나 지점장이 상황을 알아보았다. "성과급은 어떻게 되었습니까?" 그러자 사장이 빠르게 대답한다. "취소되었네. 성과급은 없네." 지점장은 여기서 포기하지 않는다. 그는 유럽 지역 지점장과의 친한 인맥을 이용해 수화기를 들고 이렇게 말한다. "사장의 말이 아무런 가치가 없는 회사라면 나는 여기를 떠나야 할 것 같네." 얼마 지나지 않아 성과급이 지불되었다.

■ ■ ■

회사에 대한 불충은 어디서 시작되는가? 일반적으로 상사가 정한 규칙에 불만을 토로하는 것은 죄악이며 출세의 최대 걸림돌이자 일종의 자살행위로 여겨진다. 또한 회사 내에서 범죄적인 음모를 발각한 소위 '내부 고발자'는 불충한 자로 비난받고 드물지 않게 과격한 분노와 법적 공격 대상이 된다. 그 뒤에는 충성에 대한 기이한 이해가 숨겨져 있다. 사전을 찾아보면, 충성이라는 말은 '예의범절', '정직함', '정당함', '성실함', '신뢰'라는 단어들과 연관되어 있다. 그런데 앞에 나온 이야기에서 나의 상사는 이런 것들 중 그 어떤 것도 보여주지 않았다. 여기서 과연 누가 불충했던 것일까?

충성 혹은 충실이란 법적인 의무와 노동계약을 넘어 상호간에 느끼는 연대감의 다른 이름이다. 인사과 사람들은 이런 맥락에서 '심리적인 노동계약'이라는 단어를 쓰는데, 즉 노동자가 정당한 대우, 인정, 그리고 적절한 임금에 대해 적극적인 참여와 충성으로 보답하는 것을 말한다. 직원 입장에서 '내적인 해약고지'란 이런 심리적인 계약관계의 손상을 의미한다. 당신은 상사로서 직원들의 충성을 믿고 의지하는가? 만약 그렇지 않다면 당신의 회사생활은 상당히 어려워질 것이다.

직원들이 고객에게 당신에 대해 나쁘게 얘기하거나 당신의 경쟁자를 추천하지 않는다고 당신은 확신할 수 있는가? 또한 어디선가 불이 날 조짐이 있을 때 바로 당신에게 보고하고, 나중에 그저 어깨만 으쓱거리지 않을 것이라고 확신할 수 있는가? 또한 직원들이 초과 근무가 불가피할 때 동참해 주고, 언젠가 상황이 어려워져도 바로 회사를 떠나지 않을 것이라고 확신할 수 있는가? 이 모든 것은 당신이 틈틈이 충성이라는 이름의 계좌에 저축해 놓은 것이 많을 때 비로소 욕심을 낼 수 있다.

지금 생각해 봐도 당시 내 상사의 충성 계좌는 오래전에 마이너스였던 것이 분명하다. 그 상사가 제일 처음으로 충성 계좌에 손해를 끼쳤던 일은 지점장으로 임명된 내게 꽃다발과 따뜻한 말을 건네는 대신에 이렇게 인사했던 일이다. "안녕하세요, 미하엘 씨! 나는 당신의 승진을 유감스럽게도 막을 수가 없었네요. 어쨌든 최선을 다해 봅시다." 그의 말은 단순한 농담이 아니었다.

그런데 참 이상한 일은 많은 중역들이 충성이란 것이 상호간의 약정이라는 사실을 잊어버린다는 점이다. 직원들에게 거칠게 행동하는 사람은 언젠가 그에 대한 충성이 현저히 줄어들어도 놀라지 말아야 한다. 그런 사람 주변에는 적들만 모이게 된다. 나는 어떤 행사가 열리던 곳에서 한 이사가 내게 이렇게 물었던 것을 기억하고 있다. "X씨는 도대체 어떻게 하고 있습니까?" X씨는 새로 임명된 중역으로 나의 상사들 중 한 명이었는데, 시작부터 동료들과 전쟁을 벌였고 거친 방식 때문에 기피 대상인 사람이었다. 내가 어떻게 말했을까? 거짓말(훌륭하십니다!)? 혹은 돌려 말하기("아직 뭐라고 말할 수 없습니다!")? 아니다, 나는 고민 끝에 이렇게 말했다. "아주 솔직하게 말씀드리자면, 그는 회사에서 내보내야 할 사람입니다. 그는 인간 착취자입니다."

나는 확신한다. 그것이 나 혼자만의 생각이 아니었음을 말이다. 실제로 얼마 후에 X씨는 '쌍방 심문'을 거쳐 회사를 떠났다. 많은 분야에서 심화되고 있는 전문 인력 부족을 고려한다 해도 자기 도취자,

기만자, 혹은 인간 착취자들은 앞으로 경영진에서 버티기가 쉽지 않을 것이다. 이런 진단을 내리는 데 우리가 꼭 예지자의 능력까지 필요하지는 않기 때문이다.

현재 당신의 충성 계좌 상황은 어떠한가?

이 근거 없는 자신감은?

회의에 들어가기 전에

라이프치히의 기차역 개축 현장. 선로 위의 다리를 철거해야 하는 매우 복잡한 작업이다. 왜냐하면 철도 운행이 멈춰서는 안 되기 때문이다. 총괄 기업의 이사는 몹시 격노했다. 그가 위탁한 작업이 몇 주씩 지체되고 있었던 것이다. 그래서 그는 재빨리 현지에 있는 컨테이너 사무실에서 앞으로의 계획 수립을 위한 비상회의를 열기로 날짜를 정한다. 지하공사 기업의 담당 현장감독은 이 회의에서 상황을 보고해야 한다. 현장감독은 이사, 기업의 경영진과 철도 회사의 대표자들 앞에서 이미 최근에 기한을 넘긴 철거 작업에 대해 해명해야 한다. 이 사실이 현장감독을 얼어붙게 만들었는데, 왜냐하면 그는 이 프로젝트를 단지 이틀 전에 그의 상사로부터 아무런 자세한 설명 없이 넘겨받았기 때문이다. 그래서 아직 전반적인 내용조차도 제대로 파악하지 못한 상태이다.

어떻게 해야 할까? 솔직하게 털어놓을까? 그러나 그렇게 하는 것은 별로 소용이 없을 뿐 아니라 오히려 모든 관련자들과의 관계가 악화되는 대가를 치르게 될 것이다. 상사 뒤에 숨는다면? 그렇게 하고 싶지는 않다. 그래서 그는 겨드랑이에 파일을 끼고 당당히 12명의 대표들 앞에 나선다. 파일에는 '철거 기획안'이라고 쓰여 있다. 현장감독은 이렇게 말한다. "이것이 우리의 철거 기획안입니다. 저는 오늘 이것을 여러분에게 아직 소개하고 싶지 않습니다. 개별 사항을 더 검토해야 하고 세부 내용은 경우에 따라 수정해야 하기 때문입니다. 여러분은 제게 어느 정도의 유예 기간을 허락하시겠습니까?" 몇 번의 질문이 오간 후 그는 일주일의 시간을 얻는다. 현장감독은 20년은 더 늙은 것 같은 느낌으로 컨테이너 사무실을 나온다. 사실 일이 실패했을 수도 있었다. 결론은, 나의 이런 무모한 모험을 따라 하지 말라는 것이다.

■ ■ ■

내가 이 이야기를 자랑스럽게 여기는 것은 아니다. 왜냐하면 나는 대개 중요한 일정에 대해 철저히 준비하기 때문이다. 물론 우리는 일을 하면서 때때로 포커페이스를 하고 당당함으로 무장한 채 전략적으로 대응하는 법을 배운다. 그러나 위 이야기처럼 간 큰 사기극의 경우라면 나는 차라리 전문적인 고등사기꾼에게 맡긴다. 당시에 나는 다른 선택의 여지가 없다고 생각했다.

오늘날이라면 나는 더 이상 스스로를 우습게 만들 수 있는 위험을 감수하지 않을 것이다. 거기에 모인 신사들 중 한 명이라도 이렇게 말했다면 나를 무너뜨리기에 충분했을 것이다. "자, 기획안이 아직 임시적이라고 해도 일단 보여주시기 바랍니다." 그리고 나는 신사들의 극한 분노가 가라앉기를 기다렸다가 솔직히 말하고 약간의 기간 연기를 협의할 수 있었을 것이다. 혹은 야간작업을 한 후에 핵심 자료들을 발표할 수 있었을 것이고 회의를 긴급한 문제 해결을 위한 모임으로 변경시킬 수도 있었을 것이다. 또한 필요했다면 병가를 낼 수도 있었을 것이다. 이 대단한 사기극은 어떤 경우에든 '선택의 여지가 없는' 것은 아니었고, 당시에 스트레스가 심했던 상황에서 내게만 다른 방법이 결코 없는 것처럼 보였던 것이다. 그 동안 나는 처음의 충동대로 행동하기 전에 한 번 더 생각하는 법을 배웠다. 그리고 무조건적인 정직함이 사과와 결합하면 흔히 좋은 해결책이 된다는 것을 경험하게 되었다.

나의 경험담은 사실 민망하다. 하지만 나는 얼마나 많은 직원들이 준비가 전혀 안 된 상태로 중요한 회의에 참석하는지 자주 놀라곤 한다. 오만함이 무지함과 결합되는 경우는 드물지 않다. 회의에 들어가기 전에 다음의 문제들을 생각해 보는 것은 큰 도움이 된다.

- 이 회의에서 우리의 목표는 무엇인가?
- 어떻게 대처할 것인가(우리의 전략은 무엇인가)?
- 누가 어떤 이해관계를 가지고 있는가?
- 어떤 반대 논증이 나올 수 있을까? 어떻게 그들의 힘을 뺏을 수 있는가?
- 어떻게 사전에 그 분야에 대해 알아볼 수 있는가?
- 불필요한 실수를 하지 않기 위해 누군가와의 사전 연락이 의미가

있겠는가?

- 제2의 계획이 필요한가?
- 회의는 언제 끝나는가?
- 이 분야의 내용을 특히 잘 알고 있는 누군가를 참여시켜야 하는가?(이렇게 함으로써 나중에 직접 회의 내용을 실행해야 되는 사람들이 쉽없이 고개를 흔들게 되는 상황을 방지할 수 있다.)

가능하다면 다른 사람들보다 현명하라. 그러나 그들에게 그것을 말하지 말라. 필립 도머 스태너프, 영국의 정치인(1694~1773)

단지 동정심이었을 뿐

사내 연애에 관해

사무실로 가는 길. 비가 억수처럼 쏟아진다. 지점장은 한 수습직원 옆을 지나가게 되었는데, 그녀는 근처에 있는 버스 정류장에서 사무실로 걸어가고 있었다. 지점장은 순간적으로 동정심에 차를 세우고 그녀를 태운다. 그러나 이 매력적인 젊은 여성이 그의 차에 오르는 바로 그 순간에 그는 이미 깨닫는다. 그런 행동이 큰 실수라는 것을 말이다. 그리고 벌어질 일이 벌어지고야 만다. 그가 사무실 주차장으로 들어서자 근처에 있던 직원들이 목을 길게 빼고 그 '어린 여자'가 상사의 차에서 내리는 것을 지켜본다. 당연한 일이다!

■ ■ ■

나의 악의 없는, 내 생각에는 지극히 순수했던 행동이 나를 고전적인 딜레마 상황에 빠지게 했다. 내가 어떻게 반응하든 상관없이 상황은 더 이상 좋아질 가능성이 없었다. 모든 정당화의 시도(나는 X양을 단지 버스 정류장부터 태워주었을 뿐이야. 비가 아주 심하게 내렸다고!)가 그저 옹색한 변명으로 들렸을 것이다. 변명하는 사람은 후회하게 되는 법이다! 그래서 그 모든 억측에 대해 아무런 해명 없이 방치해 두었던 것이 또한 직원들의 의심을 제대로 확신시켜 주었다. "아마 무슨 일이 있었던 게 틀림없어. 아주 비밀스러운 일이 말이야."

이런 상황에서 더 안 좋은 일은 분명히 수습직원이 나보다 더 많이 고통받고 있을 것이라는 점이었다. 흔히 직원들은 상사를 상대로 하는 비꼬기와 악의적 평판을 자제하거나 체념하는 경향이 있다. 사실 나는 한 이사의 사례를 보면서 경각심을 가져야 했다. 그 이사는 명백하게 비서와 함께 있는 현장이, 그것도 사무실에서 발각되었다. 온갖 야유와 비난이 끊이지 않았고, 그 모든 상황이 그의 아내에게도 알려지게 되었다. 그런데 최종적으로 회사를 떠난 사람은 누구였을까? 이사였을까, 아니면 비서였을까? 대부분의 경우 위계질서에서 더 아래에 있는 사람이 희생자가 되게 마련이다. 인생은 때때로, 혹은 자주 부당한 방향으로 흘러간다.

'직장에서의 사랑'이라는 문제는 지속적으로 토론의 주제가 되어왔다. 미국 회사의 10퍼센트가 직원들 사이의 애정관계를, 심지어 노동계약을 통해 금지하고 있다고, 《월스트리트 저널》이 밝히고 있다. 그럼에도 모든 커플의 약 10퍼센트가 직장에서 서로 알게 된다는 조사가 있다. 그래서 친구 모임과 술집 다음으로 사무실이 최고의 연애 구역이며 인터넷의 모든 온라인 데이트 사이트들보다 훨씬 더 효과가 좋은 장소라고 《포커스》는 밝혔다. 그러나 최근에는 유럽 쪽에서도 여러 기업들이 '사무실 사랑'에 대한 통제권을 행사하려는 시도를 하고 있다. 예를 들어 유명한 P&G 기업은 행동 법규를 통해 사원들 사이에

애정관계가 생기면 회사에 보고하는 것을 의무로 정하고 있다.

이런 규제는 물론 불합리하다. 특히나 기업이라는 곳이 성인들이 활동하는 곳이라는 점을 고려할 때 더욱 그렇다. 사랑의 관계는 결코 숨겨지지도 않는다. 게다가 동료들의 안테나는 너무 성능이 좋다. 사랑을 "사적인 세계적 사건"이라고 표현한 작가 알프레드 폴가의 말은 과장이 아니다. 그런데 종속관계가 개입되면 상황이 어려워지는데, 단지 소문과 험담의 소재를 제공하기 때문만이 아니다. 그런 경우 권력과 사랑은 대단히 위험한 혼합물이고, 연애와 간섭 사이의 경계선은 지극히 유동적이다. 왜냐하면 과연 우리가 어떻게 우아하게 남자 상사, 혹은 여자 상사를 밀어낼 수 있겠는가? 그리고 그런 관계가 좋지 않게 끝나게 될 때 어떤 보복의 가능성이 있는가? 아, 물론 그 반대의 사례도 있기는 하다. 수습직원과 성공적인 여성 변호사 커플은 심지어 함께 백악관까지 입성했으니까 말이다. 그러나 나는 사내 연애에 대해 여전히 안심할 수가 없다. 그리고 당신이 진정으로 사랑에 빠지게 되었다면, 대가를 치르고 이직이나 진급을 통해 투명한 관계가 되도록 노력해야 한다.

신중한 상사(그리고 직원들)들을 위한 권유 : 회사를 사랑에 이용하지 말라!

리더인가, 재판관인가?

문제는 발생한 곳에서 해결된다

당신은 삼각관계 이야기를 좋아하는가? 여기 바로 그런 사례가 있다. 주인공은 평소에 사이가 좋은 두 명의 간부 동료들(여기서 A와 B로 부르기로 하고)과 A의 부하직원이다(여기서는 간단히 C라고 한다). B가 A에게 매우 중요한 프로젝트를 위해 C라는 직원을 '빌려줄' 수 있는지 물어본다. C는 이미 오래전부터 A와 함께 일하고 있다. A는 C에 대해 매우 만족하고 있고 자주 그에 대해 칭찬을 했다. A는 현재 자신의 팀에는 급한 일이 없고 B와 사이가 좋았기 때문에 C가 동의한다면 허락하겠다고 말한다. C는 좋다고 말했고, 모든 일이 순조로워 보인다.

그런데 6주가 지나 C가 급하게 자신의 예전 상사에게 상담을 요청한다. C는 B의 소위 최악의 행동방식에 대해 심하게 비난한다. "어떻게 좀 해주실 수 없나요? 이렇게 계속 된다면 저는 사표를 쓰겠습니다. 정말 견딜 수가 없어요!" 결국 A는 '해명을 위한 삼자 대화'를 해보기로 결정한다. 그런데 대화는 재앙으로 끝난다. B와 C는 서로에게 책임을 미루고, 나중에는 A가 어느 쪽도 분명하게 편을 들지 않자 두 사람 모두 A에게 화를 낸다. C는 예전 상사가 자신을 곤경에 빠뜨렸다고 생각한다. B는 동료가 C 앞에서 자신을 옹호하지 않는 것은 우정에 문제가 있다고 생각한다. A는 예전에 한 멘토가 했던 말을 떠올린다. "문제는 그것이 발생한 곳에서 해결되는 법이다!" 도대체 누가 재판관의 역할은 언제나 경영진의 몫이라고 말하는가?

■ ■ ■

만약 당신이 대화를 시도했는데 오히려 전보다 더 많은 문제가 생겼다면 이 대화를 시도한 것이 현명한 일이었을까? 물론 그것은 언어적 기술의 문제다. 나는 앞에서 소개한 체험을 세미나에서 자주 토론의 주제로 택하곤 한다. 거의 모든 참가자들이 (당시의 나도 그랬듯이) 사건을 대화로 풀고자 했고, 선택에 따라 삼자 대화 혹은 일단 먼저 두 사람의 대화, 즉 상사 대 상사로서의 대화를 시도하고자 했다. 나는 이 두 종류의 대화를 수없이 진행시켜 보았는데 언제나(!) 헛수고로 끝났다. 참가자들은 늘 제자리를 빙빙 돌고, 서로를 탓하고, 목소리는 더 날카로워지고, 최종적으로는 아무것도 해결되지 않았다. 오히려 두 사람 간의 갈등 대신에 세 명이 함께 관련된 새로운 갈등이 생겨났다.

내가 이런 점을 지적하면 참가자들은 흔히 다른 선택의 여지가 없다고 주장한다. 그러면 도대체 어떻게 해야 한단 말인가? 답은, '아무것도 하지 말라'이다. 해결책은 간단하다. 오직 실패할 가능성만 있는 대화는 아예 시도하지도 말고, 중재자로 나서지도 말아야 한다. 구체적으로 말하자면 다음과 같이 행동하라는 뜻이다.

직원 B부장님과는 더 이상 함께 일할 수 없습니다. 퉁명스럽고, 이성적이지도 않고, 모든 일에 트집을 잡아요! 어떻게 좀 해주실 수 없나요, 부장님? 이렇게 계속 간다면 저는 사표를 쓰겠습니다!

부장 그럼 당신은 이제 어떻게 하고 싶습니까?

직원 저요? 저는 부장님이 그와 이야기를 해보시면 어떨까 생각했습니다. 필요하다면 삼자간 대화를 할 수도 있고요.

부장 당신은 그런 대화를 통해 무엇을 바라는 것입니까?

직원 그거야, B부장님이 계속 그렇게 행동하시면 안 된다는 것을 인정하시는 거죠. 그분이 스스로 행동을 바꾸는 것입니다.

부장 그러니까 당신은 내가 B부장의 경영 방식을 비판하기를 바라는 것입니까? 당신은 그것이 현명하다고 생각합니까?

직원 잘 모르겠어요. 어쩌면 화를 내실 수도 있겠죠. 그럼에도 불구하고 저는 부장님께서 그와 이야기를 해보셨으면 좋겠습니다.

부장 그러나 나는 결코 그와 그런 이야기를 하고 싶지 않습니다!

직원 (화가 난 듯 보이며) 음.

부장 그 이유를 알고 싶습니까?

직원 네.

부장 내가 동료 B부장과 친한 관계이고 이미 오랫동안 함께 일해 왔다는 것을 알고 있지요? 나는 그런 대화 때문에 그와의 관계가 거북해질까 두렵고, 그렇게 되는 것을 원하지 않습니다. 그 외에도 나는 그런 대화가 당신에게 진정으로 도움이 될지도 의문입니다. 왜냐하면 당신은 고자질쟁이가 되는 것이니까요.

직원 그렇다면 저는 어떻게 되는 건가요?

부장 당신은 과연 무엇을 할 수 있겠습니까?

직원 도대체 왜 제가 무엇인가 해야 한다는 겁니까? 부장님이 저에게 6개월 동안 부서를 바꾸겠냐고 제안하셨잖아요?

부장 그리고 당신은 그렇게 하겠다고 스스로 결정했습니다. 아닌가요? 나는 당신을 오랫동안 봐왔습니다. 당신이 상황을 적극적으로 받아들이고 나의 동료와 함께 해결책을 찾을 것이라고 믿습니다.

직원 (잠깐 동안의 침묵 뒤에) 네, 알겠습니다. 그러면 B부장님과 직접 이야기를 해보겠습니다.

이로써 문제는 원래 발생했던 곳으로 다시 돌아가게 된다. 동료 부장에게 잘 적응하지 못했던 직원 자신의 문제로 말이다. 당신이 여기에 개입을 해야 하는가? 당신이 중역이라는 이유로 회사 내의 모든 갈등에 재판관으로 나서야 하는가? 당신의 직원은 성인이고 스스로 결정을 내릴 수 있다. 즉 문제를 직시하고 그의 임시 상사와 대화를 하거나 그 부서에서의 파견근무가 끝날 때까지 어떤 합의를 해야 한다. 만약 직원이 어떤 시도도 하지 않고 사표를 낸다면 분명 유감스러운 일일 것이다. 그러나 동시에 그 직원의 부족한 주체성과 독립성이 확인되는 셈이다. 왜냐하면 우리는 지금 경험 없는 미숙한 수습직원에 대한 이야기를 하는 것이 아니기 때문이다.

그럼에도 불구하고 왜 대부분의 상사는 직원들의 구원투수로 끼어들어서 그들을 위해 문제를 해결해 주고 싶은 충동에 휩싸이는 것일까? 여기에 대한 타당한 설명이 바로 일명 '상호교류분석(TA)'이다. 이 이론은 1960년대에 미국의 심리학자 에릭 번이 정립했다. 이 이론은 일상의 전형적인 의사소통(교류) 패턴을 이해하기 쉬운 방식으로 표현하고 있다. TA의 내용에 따르면 인간은 다양한 자아 상태에서 행동할 수 있다고 한다.

- 양육적이거나 비판적인 부모 자아
- 객관적이고 상대방의 눈높이에서 의사소통을 하는 성인 자아
- 즉흥적이거나 순응적으로 반응하는 아동 자아

아동 자아의 전형적인 반응은 정당화, 반항, 혹은 도움을 호소하는 것이다(나는 ~때문에 어쩔 수가 없어요. 그렇게 계속 갈 수는 없어요. 내가 어떻게 해야 할지 전혀 모르겠어요). 부모 자아에게 전형적인 행동은 도움의 제공, 그러나 동시에 기준에 따른 처분과 비판이다(걱정하시 마세요, 제가 해결하겠습니다, 정신 차리세요, 내가 얼마나 자주 당신에게 말했습니까). 성인 자아의 상태에서 비로소 우리는 객관적이고 스스로 책임지는 행동을 한다. 강압적으로 다른 사람을 비판하거나 감독하지 않지만 동시에 스스로를 하찮게 혹은 무력하게 보이지 않으려고 한다.

상호교류분석에서 말하는 위의 역할들은 각자의 경험을 통해 이미 친숙하기 때문에 이해하기가 쉽다. 아마도 당신은 상대방으로부터 한 번쯤 이런 말을 들어보았을 것이다. "제발 나를 어린아이처럼 대하지 마세요!" 그런 경우 당신은 아마도 부모 자아의 상태에서 행동하고 있는 것이다. 혹은 어떤 사람이 자신의 문제를 스스로 해결하려 하지 않거나, 항상 즉흥적으로 행동하고 그로 인해 자주 어려움에 처하면 '어른답지 못하다'고 느끼게 된다. 모든 사람들이 기본적으로는 이 세 가지의 모든 자아 상태에서 행동할 수 있지만, 어떤 사람들은 특정한 반응 패턴을 선호한다. 아마도 당신은 어떤 유형이 잘난 척이 심한 사람인지, 어떤 유형이 무슨 일이 벌어지면 아무 일도 하지 않고 불평만 하는 동료인지 예감할 것이다.

또한 상호교류분석은 대화 속에서 어떻게 작은 톱니바퀴가 다른 톱니바퀴들과 맞물리게 되는지, 그리고 왜 우리가 갑자기 전혀 의도하지 않았던 반응을 보이게 되는지를 이해할 수 있게 해준다. 대화 속에서 일어나는 자극과 반응에는 다음과 같은 종류가 있다.

- **보충적 교류** 상대가 내가 한 말의 영역에서 반응하는 것이다.
- **교차적 교류** 상대가 내가 한 말의 영역과는 전혀 다른 영역에서 반응하는 것이다(방해, 갈등, 역위임을 주의하라!)
- **은폐적 교류** 두 가지 차원에서 의사소통이 이루어진다(불쾌감, 그리고 어떤 자극에 반응해야 할지 불명확함을 유발한다).

물론 살다 보면 부모 자아가 요구되는 상황이 있고, 즉흥성과 감성을 가진 아동 자아가 좋은 영향을 미칠 때도 있다. 그러나 갈등 상황에서는 부모나 아동 자아의 덫에 빠지지 않고, 성인 자아의 상태가 되어야 한다. 대화에서 상대를 한 명의 성인으로서 객관적으로 대응하면, 그 대화가 책임 미루기, 독단적인 강요, 완고한 거부 등으로 끝나는 것을 방지할 수 있다. 그리고 상대는 비로소 문제를 직시하게 된다.

그러나 실제로 논쟁 중에 이런 분위기를 만드는 것은 결코 간단하지 않다. 왜냐하면 "제발 좀 객관적으로 생각해 보세요!" 혹은 "우리 한번 이성적으로 생각해 봅시다!"와 같은 요구를 하면서 우리는 이미 부모 자아의 보호하려는 성향을 보이기 때문이다. "이 문제를 어떻게 보십니까?", 혹은 "여기에 대해 어떻게 대처하시겠습니까?"와 같은 냉정한 질문들이 훨씬 더 바람직하다.

또한 모든 커뮤니케이션 세미나에서 추천되는 아주 오래된 '나 전달법(I-message)'도 많은 도움이 된다. 즉 대화에서 내가 어떤 일에 대해 어떻게 생각하고 있는지를 스스로 말하는 것은, 다른 사람에게 그가 어떤 착각을 하고 있고 어떻게 해야 할지를 말하는 것보다 훨씬 더 저항이 적다. 앞의 이야기에서 상사가 이렇게 말하는 부분이 있다 "나는 그런 대화 때문에 그와의 관계가 거북해질까 두렵고, 그렇게 되는 것을 원하지 않습니다." 직원도 분명히 그것을 예감하고 있다. 이런 마음을 주저하지 않고 솔직하게 말하는 것은 '성인들 간의 대화'를 가능하게 한다.

또 다른 사례로, "나는 피곤합니다"라고 말하는 것은 "당신은 나를 피곤하게 합니다"라고 말하는 것과는 전혀 다른 효과를 낸다. 아마도 당신은 다음 회의에서 참가자들이 어떤 '자아 상태'에서 논쟁하는지, 그리고 부모 자아와 아동 자아가 지배권을 가질 때 토론의 상황이 얼마나 어려워지는지 관찰하게 될 것이다.

> 당신이 실패할 수밖에 없는 대화는 시도하지 말라.

"이제 걱정하지 마십시오!"
진정한 동기부여의 비밀

독일의 자회사가 처한 상황은 심각하다. 바로 얼마 전에 이 기업은 중요한 고객을 오스트리아의 경쟁사에게 빼앗겼다. 그로 인한 매출 감소는 매우 심각하다. 다른 프로젝트에서도 이웃나라의 경쟁자가 공격을 해온다. 이 자회사는 이제 직원들의 임금조차 감당할 수 없어 보인다. 경영진은 좌절감과 두려움을 느끼고 있다.

긴급회의가 소집된다. 직원들이 모여 몇 시간에 걸쳐 각자의 실적을 비교하고 있을 때, 회의실 문을 두드리는 소리가 들린다. 프랑스에 있는 유럽 지사장으로, 키가 160센티미터가 채 안 되는 플라이급의 남자다. 그는 반갑게 인사를 하고, 침착하게 빈 의자에 가서 앉은 후 비로소 모여 있는 사람들을 한번 둘러보는데, 직원들은 완전히 경직되어 있다.

유럽 지사장은 모든 직원들을 한 명씩 짧게 우호적인 시선으로 바라본 후에 아주 조용히 프랑스식 악센트로 단 한 문장을 말한다. "신사 여러분, 이렇게 여러분들을 살펴보니 (휴식) 나는 여러분을 결코 놓치고 싶지 않습니다." 그의 말이 끝나자 여러 가지 감정의 물결이 요동친다. 놀라움, 안도, 희망, 자부심 등. "오스트리아에 대해서는 걱정하시 마십시오." 지사장은 덧붙여 말하고, 미소 짓고, 다음 순간 사라진다. 그가 오기 직전까지만 해도 절망과 무기력이 가득하던 곳에 이제 직원들의 자의식이 다시 깨어나고 있었다.

■ ■ ■

이 경험은 나의 직장생활에서 가장 인상 깊었던 일 중 하나다. 분위기를 완전히 반전시켜 놓았던 한 작은 남자를 나는 결코 잊을 수 없다. 그는 당시 상황에서 그곳에 모여 있던 사람들에게 가장 필요한 것이 무엇인지를 정확히 알려주었던 것이다. 바로 확신과 자신감이었다. 물론 그런 시도가 제대로 효과를 보기 위해서는 그 중역이 평소에 신뢰감이 높은 사람이어야 할 것이다. 매일 수많은 기업에서 열정적으로 동기부여 프로그램이 진행되고 있지만, 효과는 거의 없다. 왜냐하면 직원들은 그런 프로그램들을 형식적이고 인위적이라고 느끼기 때문이다.

지사장의 단 한 문장에 불과한, 천재적인 동기부여 방식은 실제로 모든 동기부여 방식의 핵심을 표현해 주고 있다. 즉 스스로 동기부여가 된다는 사실이다. 일반적으로 사람들은 유용성과 의미를 발견할 때 기뻐한다. 그리고 위기 속에서는 확신에 대한 욕구가 일단 뒷전으로 밀리게 된다. 금전적인 유혹과 성과급은 만병통치약이 아니다. 그렇다. 오히려 그런 외적인 미끼가 내적인 동기부여에 해가 될 수도 있다는 사실은 이미 앞에서 강조한 내용이다. 보너스와 성과급은 최악의 경우 원래 적극적인 직원을 오로지 봉급이 충분히 많을 때만 적극적으로 일하는 용병으로 만들 수 있다. 학술적인 조사들은 한결같이, '더 많은 돈 = 더 많은 노력'이라는 획일적인 등식이 지적인 능력이 필요 없는 단순한 기계적 활동에만 적용된다는 결론에 도달했다. 컨베이어벨트에서 항상 똑같은 수작업을 하는 사람은 금전적인 보상이 주어진다면 작업 속도를 더 빨리할 수 있을 것이다. 그것이 청부 공사에 적용되는 원칙이다.

그러나 당신이 직원의 손뿐만이 아니라 머리와 마음까지 얻고자 한다면 돈만으로는 더 이상 안 된다. 당신이 직원들에게 적절한 보수를 지불한다는 것을 전제로 할 때는 다음과 같은 결과가 나타날 가능성이 훨씬 더 크다. 즉 까다로운 과제의 경우에는 갑자기 공격적인 금전의 유혹을 받을 때 오히려 동기부여가 감소한다. 처음에는 이런 말이 불합리하게 들리겠지만, 진지하게 보상을 받는 자의 입장이 되어보면 이해할 수 있다. 나의 동료 컨설턴트는 우연한 기회에 중역들과 최고위층 경영진에게 그들의 임금이 두 배가 된다면 얼마나 더 열심히 일할 수 있는지 물어보았다고 한다. 매우 천재적인 질문이다. 왜냐하면 경영진의 반응은 언제나 똑같기 때문이다. 그들은 바로 화를 낸다. "나는 이미 최선을 다하고 있어요! 더 많은 돈을 준다고 해도 그건 결코 변함없어요!"라고 격분하며 말하거나, 혹은 "나는 당연히 지금과 똑같이 열심히 일할 것입니다! 당신이 내 임금을 10배로 준다고 해도 말입니다!" 이로써 확실해진다. 금전적으로 동기를 부여하려는 전략은 우리 의식 속에 직원들이 능력을 제대로 발휘하지 못하고 있고, 보상이 약속되어야 비로소 능률이 최고로 오를 것이라는 생각이 들어 있음을 뜻한다. 결국 직원들을, 눈앞에서 당근이 흔들리자마자 손수레를 더 빨리 끄는 당나귀 수준으로 끌어내리는 일이다.

모든 경영진의 95퍼센트는 여전히 직원들에게 동기를 부여하는 것이 자신의 가장 중요한 임무라고 생각한다. 나는 생각이 다르다. 모든 사람들은 이미 동기부여가 되어 있다고 생각한다. 항상 당신이 원하는 대로 동기부여가 되어 있는 것은 아니지만 말이다. 그렇다면 이야기가 흥미로워진다. 동기부여가 없는 삶이란 결코 가능하지 않다. 모든 사람들은 충족시키고 싶은 욕구를 가지고 있고, 이런 욕구가 어떤 행동을 하는 동기가 된다. 그러므로 원래의 중요한 문제는 이렇다. 직원들이 회사의 목표를 위해 적극적으로 일하도록 만들려면 회사는 어떤 욕구들을 충족시켜 주어야 하는가? 그리고 직원들의 '욕구'와 조직의 '욕구'의 교집합은 무엇인가?

직원들의 동기부여는 기업과의 동일화, 기업의 생산품과 목적과의 동일화에서 시작된다. 예를 들어 독일의 슈바벤 지방에서는 수십 년간 '다임러 벤츠사의 직원'이라는 사실이 자랑이자 명예였다. 다른 많은 전통적인 기업의 직원들도 자신의 회사에 자부심을 가지고 있었고, 지금도 여전히 그런 긍지가 남아 있다. 또한 몇몇 대기업에서도 때때로 직원과 회사와의 동일화가 잘 이루어진다. 그래서 '지맨스의 직원'으로 혹은 '멕킨지의 직원'으로 일하는 것을 수십 년 동안 자랑스럽게 여기던 사람들도 많았다.

어떤 단체와의 동일화에 대한 마음의 준비는 근본적으로 무리를 지어 함께 살아가도록 프로그램 되어 있는 인간의 '계통발생학적 유산'이기도 하다. 우리는 학교에서도 대부분 아웃사이더가 되기 싫어하고, 훗날의 인생에서도 외롭게 가장자리에 남겨지기보다는 한 그룹의 일원이 되고 싶어 한다. 이런 사실이 의미하는 것은, 기업과 경영진이 주변과 동일화하려는 인간의 기본적 욕구에 상반되게 행동하지 않는 한, 대부분의 직원들은 단체의 일원으로 느끼고 싶고 그에 상응하게 행동하려는 마음의 준비가 되어 있다는 것이다. 이때 가장 큰 효과를 낼 수 있는 것은 사회적으로 눈에 띄는 기발하고 특별한 기업의 '미션' 뿐만이 아니라, 직원들이 한 개인으로서 전체를 위해 기여하고 있고 거기에 대한 인정을 받고 있으며 필요하고 소중한 존재라는 느낌을 갖게 하는 것이다.

당신은 아마도 쾰른 대성당의 건설 현장에서 일하던 석공들의 이야기를 들은 적이 있을 것이다. 동기부여 여부에 따라 사람의 마음가짐이 어떻게 다른지 잘 알 수 있는 사례다. 지나가던 행인이 석공들에게 지금 거기서 무엇을 하고 있는지 물어보았다. 첫 번째 석공이 투덜대며 대답했다. "뭘 하긴, 나는 돌을 자르고 있네." 두 번째 석공이 대답했다(이미 조금은 화가 난 듯이). "나는 가족들을 위해 돈을 벌고 있네." 그러나 세 번째 석공은 환하게 그리고 자랑스럽게 이렇게 말했다. "나는 대성당을 짓고 있네."

이 이야기는 진정한 의미의 동일화와 동기부여의 연관성을 강조하기 위해 자주 활용되곤 한다. 그런데 여기서 흥미로운 문제는, 어떻게 마지막 석공은 다른 동료들에게서는 찾아볼 수 없는 기업과의 동일화가 이루어졌던 것일까? 혹시 그가 유일하게 기업에서 인정받는 직원이었을까? 우리가 직원들에게 언제든 교체할 수 있고 버릴 수 있고 중요하지 않다는 감정을 느끼게 한다면 기업과의 동일화, 그리고 이와 함께 진정한 동기부여의 가능성은 사라진다. 대규모 해고와 무리한 구조조정은 직원들의 적극적인 참여의식을 약화시킨다. 이런 결과는 단지 회사를 떠나야 하는 사람들만이 아니라 '생존자'들에게도 똑같이 해당된다. 이런 현상은 사뮤엘 베르너의 선구적인 논문이 나온 이후 인사 관련 전문가들 사이에서 '생존자 현상'이라고 알려져 있다. 상사의 냉담함, 무시, 무관심도 위와 동일한 영향을 미친다. 그러므로 진정한 동기부여는, 당신이 직원들에게 따로 동기를 부여할 필요가 없고 이미 부여된 동기를 잃지 않게 하는 것으로 충분하다는 점을 인식하는 것부터 시작된다.

나는 경영 분야에서 끊임없이 논의되고 있는 '동기부여' 문제가 실제로는 경영진이 원하는 대로 직원들을 유도하려는 시도는 아닌지 의문이 생긴다. 즉 그 안에는 기업 내의 고전적인 위계질서에 근거를 둔, 왜곡된 권력의 영향도 들어 있다. 흔히 경영진은 직원들을 보상하거나 벌함으로써, 그래서 원하는 방향으로 행동을 유도함으로써 동기부여를 한다(그 반대의 방식이 아니고 말이다). 그런데 이런 방식은 일종의 '조련'에 불과하다.

반면에 경영진이 직원들 스스로의 동기부여를 북돋기 위해 어떤 기본 규정을 만들 수 있는지 고민하는 것은 기업의 목적 달성에도 도움이 되면서 인간적인 방법이다. 오늘날 동기부여를 연구하는 사람들의 대답은 매우 확실하다. 즉 사람은 자의적 결정, 자율, 지속적 발전을 위해 노력하는 존재라는 것이다. 이런 것들의 실현 가능성을 제공하는 기업이 바로 입사 일순위로 꼽히는 매력적인 기업이 되는 것이다.

우리 한번 솔직해져 보자. 중역인 당신에게 중요한 것은 측정하기 어려운 직원들의 마음가짐(그들의 동기부여)이 아니라, 눈에 보이는 그들의 성실함, 말하자면 적극적인 참여가 아니던가. 그런 참여의식은 당신이 동기부여라는 명목 하에 내놓는 눈에 보이는 유혹을 통해서가 아니라, 발전 가능성을 제시하고 적극적 참여를 방해하는 요소를 없앰으로써 얻을 수 있는 것이다. 적극적 참여를 방해하는 요소에는 다음과 같은 것들이 있다. 마음대로 조정하기, 규정 무시하기, 횡포, 압박, 가치 인정의 부재 등. 내가 강조하고 싶은 것은, 올바른 사람들을 올바른 자리에 있도록 해야 한다는 점이다. 그런 다음에는 그들의 뜻에 맡겨라!

> 만약 내가 하고 싶을 때는 결코 할 수 없고 해야 될 때만 하도록 허용된다면, 내가 꼭 해야 할 일도 하고 싶지 않다. 그러나 내가 하고 싶을 때 하도록 허용된다면, 해야 될 때도 하고 싶고 또 잘 할 수 있다.
>
> 하인츠 쉬리프, 교육학자

4장

기적의 방패란?

작은 꾀, 큰 효과

작은 책략이 주는 큰 효과

경영진을 상대로 세미나, 코칭, 컨설팅 활동을 시작한 이후로 나는 기업의 전반적인 문제들과 더불어 업무에서 부딪히는 사소한 문제들의 해결에도 도움을 주고 싶다는 생각을 하게 되었다. 이 장에서는 나 스스로에게도 반복적으로 큰 도움이 되었던 작은 책략들에 대한 이야기를 소개하고자 한다.

예를 들어 당신은 상대가 대화 중에 눈물을 터뜨린다면 어떻게 하겠는가? 혹은 말이 많은 한 사람이 회의를 독점하고 있을 때 무례하지 않게 그를 중단시키고 싶다면? 혹은 한 직원이 당신 앞에서 다른 직원의 험담을 한다면? 그리고 우리가 한 그룹 앞에 서 있는데, 말은 하지 않으면서 경직되게 보이고 싶지는 않을 때, 혹은 프리킥에서 최고의 축구화를 아끼려는 축구선수처럼 보이고 싶지 않을 때는 어떻게 하는가?

자, 이제 호기심이 생기는지?

놀-랍-군!
와우!
최고야!
흠잡을 데없군!
대단해!
입사 지원서

"부장님, 어떻게 되었나요?!"

역위임 피하기

여자 과장은 화가 나 있다. 옆 부서의 과장이 또 지각했기 때문이다. 이번 주에만 세 번째다! 그녀는 오후에 열린 부장과의 정기 면담 시간에 이 문제에 대해 언급한다. 그녀는, 부장님께서는 혹시 동료 과장에게 무슨 일이 있는지 알고 계시느냐고 묻는다. "아니요, 무슨 일이 있나요?" 부장이 걱정스럽게 묻는다. "그게 말입니다, 그가 최근에 항상 지각을 합니다." "아하!" 부장은 놀라서 멈칫한다. "'항상'이라는 것이 어떤 뜻입니까?" "이번 주에만 여러 번이고 그 전에도 그랬습니다. 정시에 출근하지 않고 아홉시가 훨씬 넘어서 나타납니다. 이렇게 계속 묵과할 수는 없습니다!"라고 과장은 설명한다.

그녀의 상사는 고개를 끄덕이고 주저하듯 말한다. "내가 처리하겠습니다." 이때 부장은 기분이 썩 좋지 않다. 그런데 부장은 이 일을 금방 잊어버리고 만다. 일주일 뒤에 그 다음 정기 면담에서 과장은 다시 상사에게 묻는다. "제가 말씀드린 대로 제 동료와 이야기를 해보셨나요?"

결국 다음번 회의에서 부장은 바로 문제의 과장과 마주친다. "누군가 내게 알려주기를, 당신이 최근에 자주 지각을 한다고 합니다. 무슨 일이 생겼습니까?" 과장은 마치 독거미에라도 물린 듯 펄쩍 뛴다. "누구에게 그런 말을 들으셨습니까?" "지금 그게 중요한 문제가 아닙니다!" 그러더니 부장은 갑자기 회의 중간에 태만, 신뢰, 배신, 교활한 동료 등등에 대해 끊임없이 잔소리를 한다. 마치 그에게 다른 중요한 걱정거리는 없는 것처럼 말이다.

■ ■ ■

여기서 도대체 누가 누구를 지휘하고 있는 것인가? 어떤 과제를 위임하는 것과 제때에 그 결과를 살피는 것은 상사의 임무다. 위의 사례에서 여자 과장은 능숙하게 자신이 당한 피해를 그대로 고자질했고 그녀의 상사로 하여금 자신을 위해 일하게 만들었다. 이런 행동의 근거는 쉽게 추측할 수 있다. 아마도 그녀는 동료가 출근시간을 지키지 않는 점을 지적하여 성가신 경쟁자를 출세의 사다리에서 밀어내고 싶었을 것이다. 그러나 내가 더 흥미롭게 여기는 것은, 그런 일에 함께 동조하는 상사의 태도다.

당신은 상사로서 그런 역위임의 덫에 결코 걸려들지 않을 수 있는가? 훌륭하다. 그렇다면 당신은 아마도 매일 저녁 정시에, 흔히 직원들보다 먼저 퇴근할 수 있을 것이다. 그리고 주말을 아이들과 동물원에서 보내거나 골프장에서 보낼 수 있을 것이다. 만약 당신이 이런 경우라면 여기서 읽기를 중단하고 다음 이야기로 넘어가도 좋다. 나는 당신의 소중한 시간을 낭비하게 만든 것에 대해 용서를 구하는 바이다.

그러나 만약 당신이 그와 반대로 일에 치여 사는 경영진에 속한다면, 자신이 경우에 따라 다음과 같은 문장을 자주 말하고 있다는 것을 문득 깨닫게 될 것이다.

- 우리가 과연 무엇을 시도할 수 있겠습니까?
- 내가 그 문제를 해결하고 당신과 다시 이야기하겠습니다!
- 지금은 내가 시간이 없습니다. 그 일에 관해 메일을 보내줄 수 있습니까?
- 내일 아침에 모여 그 문제를 해결해 봅시다.
- 일하다가 문제가 생기면 언제라도 나를 찾아오세요.
- 내게 그런 이야기를 해주어 고맙습니다. 일단 그 문제에 대해 생각을 좀 해보겠습니다.

이런 문장들을 통해 당신은 세련된 형태의 '원숭이 경영'을 하고 있는 셈이다. 직원들이 상사에게 떠넘기는 '문제'를 '원숭이'에 비유한 사람은 미국의 컨설턴트인 윌리엄 온켄 2세와 도날드 L. 워스인데, 두 사람이 경영진의 시간 경영에 대해 쓴 논문의 제목은 다음과 같았다. 〈누가 원숭이를 가졌는가?〉 오늘날 이 논문은 경제 잡지인 《하버드 비즈니스 매니저》가 고전으로 평가하는 것 중 하나다.

이 글은 다음과 같은 문장으로 시작된다. "도대체 어떻게 부하직원들은 일을 다 끝내고 퇴근하는 반면, 경영자들은 항상 시간이 부족한 상황이 벌어지는가?" 그 답은 이렇다. 직원들이 자신들의 문제, 즉 자신들의 어깨 위에 있는 원숭이를 상사에게 떠넘기고 가기 때문이다. 그런 다음 직원들은 상사가 원숭이를 어떻게 다루고 있는지 이따금 알아보러 올 뿐이다. 왜냐하면 직원들은 계속 일하기 위해 정보와 문제 해답이 필요하기 때문이다.

원숭이 경영은 기존의 경영 관계를 뒤집는다. 거절하지 못하는 상사는 자신의 사무실을, 돌봐야 하는 원숭이로 가득 찬 동물원으로 만든다. 원래 이 문제들은 그저 가끔 들러서 일이 어떻게 되어가는지 묻기만 하는 그의 직원들이 해결해야 할 것들이 아니던가? 또한 직원들은 다음과 같은 질문을 하면서 상사에게 스트레스를 안겨준다. "그 동안 프로젝트 X를 어떻게 해야 할지 결정하셨나요, 부장님?" "고객이 말한 조건을 받아들여야 하나요, 거부해야 하나요? 그쪽에서 온 전화를 오늘 또 받았거든요!" "EU 조건에 대한 제 메일에 대해 말인데요, 어떤 판단을 내리셨나요?"

경영진 입장에서 생기는 단점은 분명하다. 업무 시간이 점점 늘어난다. 그리고 전략, 기획, 핵심 고객 관리, 최고 경영진의 요구 충족 등과 같은 진정한 중역 임무를 위한 시간은 너무 부족하다. 하루가 쉼 없이 긴급한 일들로 넘쳐나고, 정말 중요한 일들은 처리되지 못한 채 남겨진다. 당신은 최고의 집중력으로 일하고 있지만, 그 과정은 대단히 비효율적이고 결과 역시 지지부진하다.

이런 상황은 출세를 위해서도 결코 도움이 되지 않는다. 왜냐하면 현재 지위에서 일이 너무 과중해 보이는 사람은 승진 또한 버거워 보이기 때문이다. 그리고 직원들 입장에서도 처음에는 이런 역위임이 편해 보이지만 결과적으로는 일종의 덫이라는 사실이 드러난다. 그들에게는 결국 아무런 과제도 맡겨지지 않고, 따라서 발전할 기회도 영영 찾아오지 않는다. 그 결과 직원들의 자아의식과 동기부여에도 해가 된다. 왜냐하면 흔히 직원들은 모든 사소한 일을 상사에게 물어보아야 할 것 같은 의무감이 들기 때문이다. 직원들은 조종되고 있다고 느낄 뿐, 함께 능동적으로 생각하고 고민하지 않는다(어차피 내게 해결 방법을 물어보는 사람은 없어!). 그리고 상사는 그 많은 문제들을 생색내며 직접 해결하려 하면서 한편으로는 직원들에게 임무를 맡길 수 없다고 불평한다. "내가 나서지 않으면 일이 돌아가지 않아!" 이로써 완벽한 악순환의 고리가 형성된다.

사실 이런 딜레마에서 빠져나올 수 있는 해결책은 분명하다. 직원들에게 과제를 돌려주고 각자 스스로 해결하도록 조치해야 한다. 그리고 대화의 끝은 항상 직원의 몫이어야 한다. 당신이 아니다! 왜냐하면 대화에서 끝으로 말하는 사람이 문제를 감당하게 되기 때문이다. 그러므로 다음번에 직원이 "부장님, 문제가 생겼는데요"라고 말하면 문제를 해결해 주겠다고 대답하지 말고, 앞에서 배운 몇 가지 핵심 질문들을 시도해 보라.

- 당신은 문제를 해결하기 위해 어떤 일을 시도해 보았습니까?
- 당신은 어떻게 할 것입니까?(당신은 어떻게 대처할 것입니까?)
- 어떤 해결책(어떤 가능성, 어떤 징후)을 생각하고 있습니까?

- 당신은 어떤 제안을 하겠습니까?
- 당신이 혼자서 계속 할 수 없다면, 누가 도울 수 있겠습니까?(누가 그것에 대해 잘 알고 있습니까?)

누군가 진심인 혹은 꾸며낸 간절함을 이용해 당신에게 문제를 떠넘긴 후 휘파람을 불며 여유롭게 사라지는 것을 허용하지 말라. 당신은 직원들의 문제를 해결하기 위해 그 자리에 있는 것이 아니다. 추측하건대, 당신에게는 이미 당신 자신의 문제도 충분히 많다. 직원들과 문제에 대해 말하지 말고 해결책 제안에 대해 이야기하라. 어떤 제안도 없이 오는 직원은 하나의 해결책이라도 찾은 후에 다시 오도록 해야 한다. 그리고 이를 위해 얼마의 시간이 걸렸는지 물어보라.

그런 후에는 그들의 제안에 호의를 보여라. 그리고 직원이 당신의 뜻을 금방 이해하지 못했어도 역시 호의를 보여라. 이런 방법을 신조어로 임파워먼트(empowerment, 권한 분산)라고 하는데, 바로 그런 시도가 직원들에게 스스로 책임지기, 성공 체험, 그리고 지속적 발전을 위한 기회를 제공할 것이다.

크고 작은 문제들에 대한 또 다른 전략들은 다음과 같다.

- <u>스스로 결정할 기회 주기</u> 당신은 휴가 중이거나, 사업차 여행 중이거나, 중역 비밀회의 중이어서 연락이 닿지 않았다. 모두가 그 사실을 알고 있다. 이런 시기에도 모든 일은 놀라울 정도로 잘 처리된다. 직원들은 당신이 이틀 후에나 돌아올 것이고 '상사에게

물어볼 수 없다'는 사실을 인식한 후에는 스스로 결정을 내리고 실행한다. 그러나 당신의 사무실 문이 언제나 활짝 열려 있고, "부장님, 잠깐 시간 좀 있으세요?"라는 물음에 항상 고개를 끄덕인다면 차라리 문 앞에 이런 팻말을 붙여놓는 것이 좋겠다. "모든 문제 항시 환영!"

- **마음의 브레이크 설치하기** 당신이 그것을 결정해야 하는가? 그것을 지금 결정해야 하는가? 당신이 직원들의 물음에 대답하기 전에 습관적으로 스스로에게 이런 질문을 하고 3초간 생각을 해보라. 훨씬 더 많은 시간을 절약할 수 있다.
- **실수에 관대하기** 당신이 원하든 원하지 않든 어차피 실수는 일어난다. 만약 당신이 앞으로 실수가 재발하지 않을 방법을 고민하는 대신에 직원의 실수를 반복해서 언급한다면 어떻게 될까? 문제를 스스로 해결하기보다 어떻게든 그 문제에서 벗어나려는 의존적인 직원들만 키우게 될 것이다.
- **스스로 책임지는 직원을 고용하거나 키워라** 그렇게 한 다음에는 참고 견뎌내라! 존 F. 케네디의 조언이 있다. "현명한 남자는 자신보다 훨씬 더 현명한 사람을 고용할 정도로 현명해야 한다." 당신은 소신 있는 사람들과 잘 지내는가? 이의제기를 잘 받아들이는가? 예스맨은 상대하기 편할지는 모르지만 자기 행동에 책임을 지는 경우는 드물다.

이로써 우리는 세부적 관리 방법(micro management, 세부까지 규정하여 부하에게 재량권을 주지 않는 방법)이 생겨나게 된 원인을 알게 되었다. 자신의 일에 집중하기도 바쁜 중역이 직원들의 일까지 떠안게 되는 이유는 무엇일까? 경험 많고 알아서 문제를 해결할 수 있는 직원이 턱없이 부족하다는 점이 그 답일 수 있다. 나도 초보 중역 시절에는 그런 경험을 했다. 또한 경력이 많은 직원의 부탁도 기꺼이 즐거운 마음으로 들어주었다. 내가 꼭 필요한 존재 같았을 뿐, 직원들이 능숙하게 귀찮은 일을 떠넘기는 것이라고는 생각하지 못했다.

중역으로서 자꾸 단순한 업무만 맡으려는 도피적인 행동 뒤에는 때때로 중역 본래의 임무에 대한 두려움이 숨겨져 있기도 하다. 예를 들어 새로운 인터넷 설치에 열정적으로 참여하는 중역은 아마도 다른 중요한 문제들을 미뤄놓았을 가능성이 크다. 또한 소위 '협조적 경영'을 잘못 이해하고 직원들과의 갈등을 두려워하는 것도 역위임이 벌어지는 이유가 될 수 있다.

타인에 대해 강한 불신을 품고 있는 상사는 책임과 임무의 합리적 위임과 분산에 어려움을 겪는다. 경영학 교수인 더글라스 맥그리거는 자신의 저서 《기업의 인간적 측면》에서 'X이론'과 'Y이론'에 대해 발표했다. X이론에 따르면, 인간은 선천적으로 의지력이 없고 책임을 지기 싫어하며 게으른 경향이 있다. 때문에 그들은 끊임없이 통제되어야 한다. Y이론은 이와 반대로 인간은 근본적으로 동기부여가 되어 있고 의미 있는 일과 자기 책임을 위해 노력한다고 전제한다. 현대의 경영진들은 동료들과의 모임에서 두 번째 잔 맥주를 마실 때면 X이론의 신봉자로 바뀌고, 늦어도 네 번째 잔을 마실 때쯤에는 자신들의 만

성적인 과중한 업무에 대해 불평하기 시작한다. 당신이 그런 부류의 경영진에 속할 것인지는 스스로 결정할 일이다.

사람들에게 결코 어떻게 일해야 하는지 말하지 말라. 어떤 일이 처리되어야 하는지를 말하라. 그러면 당신은 그들의 넘치는 아이디어에 놀라게 될 것이다. 미국의 육군 장군, 조지 S. 패튼(1885~1945)

방귀 뀐 사람은 냄새를 견뎌야 한다

불만에 대처하는 법

영업부의 한 부장이 큰 실수를 저질렀다. 규정을 어기고 프로젝트 팀장과 의견을 조율하지 않은 채 예비비를 사용한 것이다. 팀장은 화가 나서 펄펄 뛰며 곧바로 사장에게 보고한다. 사장은 영업부 부장을 호되게 꾸짖는다. 그리고 15분 뒤에 부장은 벌써 팀장의 사무실에서 소리를 지르며 서 있다. 도대체 왜 자신과 직접 이야기를 하지 않았는지를 자신의 상사에게 따진다. 팀장은 재빨리 뒤로 물러서며 그의 분노를 진정시키기 위해 노력한다. 그 다음 기회에 팀장은 사장에게 이 일에 대해 언급한다. 왜 사장이 영업부 부장에게 바로 가서 이야기했느냐고 물으면서 그것은 결코 자신이 의도했던 바가 아니라고 말한다. 그러나 사장은 냉철하고도 강하게 이렇게 대답한다. "방귀를 뀐 사람은 냄새를 견뎌야 하는 법입니다!"

■ ■ ■

마치 희극의 제1막에나 나올 것 같은 이런 상황이 많은 기업에서 실제로 벌어지고 있다. 누군가 다른 사람에 대해 불만을 토로하고, 이를 통해 일련의 유쾌하지 않은 대화들이 오가고, 그 내용은 점점 더 넓은 공간으로 퍼져간다. 영업부 부장이 친한 동료를 찾아가 심정을 토로하고, 윗선과 좋은 연줄을 가지고 있는 이 동료가 친구의 부당한 상사에 대해 의도적으로 정보를 흘릴 수도 있다.

그때 사장이 했던 노골적인 말이 아직까지도 내 귓가에 들리는 듯하다. 내가 그 사건에서 배운 교훈은 간단하면서도 효과적이다. 즉 그 이후 어떤 직원이 내게 와서 다른 사람에 대한 불만을 말하면 나는 그에게 이렇게 물었다. "당신이 방금 내게 말한 내용을 당사자가 옆에 있어도 똑같이 말할 수 있습니까?" 대답이 "네!"라면 나는 공을 되받아칠 수 있었다. "그렇다면 제발 당사자와 직접 이야기하세요!" 나의 상대가 대답을 주저한다면 결론은 크게 다르지 않다. "아니라고요? 그렇다면 제발 나에게도 더 이상 말하지 마세요!"

확신하건대 그런 방법으로 나는 수년 동안 많은 불쾌한 일을 피할 수 있었다. 당신은 상사로서 부하직원의 목적에 이용당하지 말아야 한다. 그리고 무엇보다도 당신과 관련 없는 문제를 당신 것으로 만들지 말라. 이때 많은 중역들은 일종의 조력자 신드롬에 시달린다. 당신은 스스로 책임지는 어른들과 함께 일하고 있고, 그들은 자신의 문제를 스스로 해결하도록 보수를 받고 있다는 점을 기억하라. 단지 갈등이 확대되고 개인 혹은 전체 부서의 업무 능력이 위협당할 때만 예외적인 경우가 된다.

또한 험담이라는 것은 누군가 동료에 대해 직접 고자질할 때만 비로소 시작되는 것이 아니다. 나는 수년 동안 얼마나 자주 수화기에서 이런 말을 들었는지 모른다. "O씨가 벌써 사라졌어요!" 혹은 "아직도 안 왔어요!" 이런 말을 들으면 우리는, 때로는 원하지 않게 때로는 상대가 의도한 대로, O씨가 태만한 회사생활을 하고 있다는 인상을 받는다. 아마도 당사자는 너무 자주 외부 일정을 수행 중이었을 것이다. 혹시 당신은 사무실에 없을 때 당신의 비서가 당신에 대해 어떻게 말하는지 알고 있는가? 나는 한 대기업 이사의 배변 습관까지 알게 되는 경험을 한 적이 있다. 왜냐하면 그의 비서가 지나치게 친절하게 그가 지금 화장실에 있기 때문에 통화를 할 수 없다고 알려주었기 때문이다. 그 이사의 불쌍한 이미지는 친절한 비서 덕분이었다. "O씨는 지금 통화를 할 수 없습니다." 혹은 "O씨는 지금 자리에 안 계십니다"라는 말이면 충분했을 것이다.

사람들은 높은 산 때문이 아니라, 두더지가 파놓은 작은 흙더미 때문에 실패한다. 공자

"축구대회를 엽시다!"
워크숍 없는 팀 교육

출세의 사다리에서 다음 단계는 구동독 지역에 있는 한 지점의 관리를 맡는 일이다. 위험한 도전이었다. 왜냐하면 독일 전체에서 실적이 가장 낮은 곳이기 때문이다. 게다가 이 지점은 구서독 지역의 지점과 병합되어 일상적인 협동 작업에서도 소위 '구동독 사람들'과 '구서독 사람들' 사이에 삐걱거림이 심하다. 이런 곳에서 새로운 지점장이 어떻게 경제적인 성공을 이루어낼 수 있단 말인가? 비용이 많이 드는 팀 교육 프로그램을 위해 쓸 돈도 시간도 없다. 이때 좋은 아이디어가 떠오른다. "우리 축구대회를 엽시다!" 신속하게 적당한 마을 광장을 섭외한다. 축구 선수로 뛰지 않는 사람들은 대회 준비, 응원팀 만들기, 그리고 대회 전후 프로그램 등에 투입된다.

대회는 큰 성공을 거두고 분위기도 많이 개선된다. 회사 경영진은 깊은 인상을 받는다. 그리하여 뒤풀이 시간에 다음과 같이 결정한다. "우리 이 대회를 매년 개최하는 게 어떨까요? 그리고 승리자가 그 다음 해에 모든 것을 기획하도록 합시다!"

그리하여 이 회사의 축구대회는 10년 뒤에 같은 방식으로 함부르크 세인트 파울리에 있는 밀레른토어 경기장까지 이르게 되고 자랑스럽게도 참가자가 600명에 이른다.

■ ■ ■

여러 연구들이 업무 분위기와 생산성의 상관관계를 확인시키는 결과를 발표하고 있다. 한 예로 글로벌경영 컨설팅 회사인 헤이그룹이 2012년 초에 스텝스톤 사와의 공동 작업으로 1만 8,000명의 전문직과 경영진에게 직장에서 가장 큰 동기부여의 요소가 무엇인지를 질문했는데, 응답자의 80퍼센트가 '동료들과의 업무 환경'을 첫 번째로 꼽았다. '흥미로운 과제'가 66퍼센트로 두 번째였고, '적절한 보수'가 56퍼센트로 비로소 세 번째로 선택되었다. 여기서 더 나아가 응답자의 86퍼센트에게는 '좋지 않은 업무 분위기'가 퇴사 원인의 1순위로 꼽혔다. 반면에 단 29퍼센트만이 "지금보다 5분의 1을 더 많이 받을 수 있다면 무조건 회사를 옮길 것"이라고 대답했다.

또한 유명한 갤럽 사도 연례적인 '충성도 조사'에서 직장에서의 좌절이 미치는 경제적 결과에 대해 지적했다. "연대감 결여로 인한 결근일수 때문에 매년 1,830억 유로에 이르는 손실 비용이 발생하고 있다"고 2013년 3월에 발표했다. 즉 좌절한 직원들이 적극적인 동료들보다 더 자주 꾀병을 부리고 결근을 한다. 그들은 말하고 싶었지만 참아야 했던 것을 결근으로 표현하는 것이다. 만약 당신의 직원들이 꾀병을 구실로 결근을 한다면, 당신은 경영자로서의 자질을 의심해 보아야 한다. 또한 기업과의 동일화가 이루어지지 않은 직원들은 혁신적인 아이디어나 개선 제안들을 별로 가지고 있지 않다. 갤럽 사는 이 두 가지 사실을 설문 결과로 증명하고 있다.

인간은 사회적 존재다. 은둔자는 사실 드물다. 더구나 내 옆 사무실이나 함께 일하는 작업 현장에 은둔자가 있는 경우는 거의 없다고 해도 과언이 아니다. 이렇게 당연하게 들리는 이야기가 아직도 모든 사람들의 머릿속에 들어 있지는 않은 것 같다. 나는 가끔 세미나에서 이렇게 묻곤 한다. "다른 사람들이 당신에게 어떤 것을 주었으면 좋겠는가?" 그러면 "배려, 이해, 존경, 희생, 존중, 인정, 확신, 신뢰, 동의, 격려" 등과 같은 대답들이 나온다. 그리고 내가 이 모든 단어를 '사랑'이라는 말로 축약하면, 많은 참가자들이 진심으로 당황하며 감동을 받곤 한다. 그러나 직원들을 마치 영혼 없는 기계처럼 대하는 상사는 그 직원들이 실제로 영혼 없는 행동을 해도 놀라서는 안 된다. 진짜 놀라운 것은, 대단히 많은 소위 '저조한 실적을 내는 직원'들이 퇴근 후에는 최상의 컨디션으로 달려가서 지역의 다양한 명예직을 수행하고 까다로운 취미를 즐긴다는 사실이다.

가장 바람직한 것은 직원들에게 '우리 감정'이 충만하도록 만드는 것이다. 그것은 공동 작업을 용이하게 하고 모두가 하나의 손잡이를 잡고 같은 방향으로 향하게 한다. 그리고 '우리 감정'은 무엇보다도 경영진이 어떤 행동방식을 보여주고, 어떻게 보수를 지급하고, 얼마큼 관대하고, 어떻게 처벌하는지와 관련이 있다. 만약 수단과 방법을 가리지 않는 무자비한 방식이 효과가 있고 주로 거칠고 엄격한 사람들이 성공하는 회사라면, 그곳은 '우리 감정'이 충만하거나 좋은 업무 분위기를 지니고 있는 곳은 아니다.

직원들은 정해진 업무 시간과 작업 계획 이외의 기회를 통해 서로를 알게 될 때 연대감이 더 강력해진다. 업무와 관련되면 지위가 더 높은 사람을 어쩔 수 없이 형식적으로 대하게 되기 때문이다. 사실 많은 기업들이 구내식당을 없애지 않고, 커피머신을 구석에 처박아두지 않고, 개인적 즐거움인 회사 내 스포츠센터를 없애지 않는다면, 비싼 야외 연수와 팀 교육 세미나 비용을 절약할 수 있을 것이다.

게다가 점점 더 많은 직원들이 점점 더 수준 높은 가치를 요구한다. 과거에는 단순히 밥벌이였던 직업이 오늘날에는 자아실현이 가능해야 하고 무엇보다 즐거워야 한다. 수년 전부터 꿈의 직장 넘버원으로 꼽히는 '구글(Google)'만큼 이런 점을 잘 이해하고 있는 기업은 없을 것이다. 여기에 들어가는 사람은 '구글러'가 되고, 우리가 웹사이트를 통해 알고 있는 그런 조직의 일원이 된다. 구글 웹사이트의 '기업문화'라는 글에는 다음과 같은 말이 있다.

"구글은 주로 신생 기업에서 볼 수 있는 개방적인 분위기를 유지하려고 노력하며, 그 안에서 모든 직원은 실질적으로 업무에 기여하고 자유롭게 자신의 생각과 의견을 공유합니다. 직원들은 이메일로 또는 카페에서 대화를 나누며, 매주 금요일에 열리는 주간 회의에서도 래리, 세르게이, 그 외 임원들에게 회사 문제에 대해 직접 질문합니다. 사무실과 카페에서 직원들은 팀 내 또는 팀 간에 활발하게 커뮤니케이션할 수 있습니다. 업무나 취미 활동에 대해서도 대화하기 편리하게 설계되어 있습니다."

이 글에서도 축구의 결속력이 우회적으로 표현된 것처럼 보인다.

물론 이런 글도 세련된 기업 마케팅의 하나일 것이다. 그러나 구글사가 다른 많은 전통적 기업들보다 직원들의 욕구를 훨씬 더 잘 이해하고 있는 것만큼은 분명하다.

> 우리는 게임을 하는 한 시간 동안에 1년 동안 대화를 하는 것보다 상대를 더 잘 알게 된다. 플라톤

통제 없는 즐거움

믿고 맡겨라!

나는 철근콘크리트 기사가 되기 위한 교육을 받은 후에 민간 구급차 서비스 회사에서 구조대원으로 병역의무를 마쳤다. 모두 12명의 병역 대체 근무자들이 함께 일했는데 보쿰-도르트문트 구간의 아우토반 교차로에 있는 소방대에서 주둔했다. 우리에게는 두 대의 앰뷸런스와 한 대의 구조차량이 있었다. 우리는 아침 8시부터 저녁 8시까지 출동 대기 상태를 유지했으며 일주일에 7일 동안 일했다. 아우토반 옆에서 근무한다는 것 자체가 스트레스였지만, 경직된 규율이나 간부들의 개입이 전혀 없어서 모든 일이 큰 문제 없이 진행되었다. 상사는 단지 몇 주에 한 번씩 커피 타임에만 우리를 만날 뿐이었다. 주간 계획들은 그룹 토론을 통해 합의로 정해졌다. 휴가 계획도 마찬가지로 '내부적으로' 조정되었다. 간혹 한 사람이 일주일 동안 자리를 비우면 다른 사람들이 그의 일을 대신 맡아서 해주었다. 팀 정신이 돈독했고 결근률은 거의 제로에 가까웠다. 나는 이런 생활이 대단히 즐거웠다. 왜냐하면 예전에 건설 현장에서는 훨씬 더 많은 통제를 당했고, 그럼에도 불구하고(혹은 바로 그 때문에?) 합의해야 할 문제들이 훨씬 더 많았기 때문이다. 나는 훗날 직장에서 출퇴근

시간 기록기를 없애버렸고 그 대신 그룹 지능지수를 높이려고 애썼다. 그리고 휴가 계획은 팀 스스로 짜도록 조치했다.

■ ■ ■

한번 가정해 보자. 당신이 매일 출근길에 점토질의 안뜰을 지나 사무실 건물로 들어설 때 발을 굴러서 먼지를 털어내는 일을 당연히 해왔다고 하자. 먼지가 건물 안으로 들어가지 않도록 자동적으로 그렇게 해왔고, 다른 동료들도 대부분 그렇게 하고 있다. 그런데 어느 날 당신은 놀라서 주춤한다. 왜냐하면 건물 입구에 커다란 글씨로 이런 경고가 붙어 있었기 때문이다. "제발 신발을 '완벽히' 털어주세요!"

당신은 과연 어떤 느낌이 들까? 내면 어딘가에 숨어 있던 작은 반항심이 솟아오르지 않는다면 그것이 오히려 이상한 일일 것이다. 당신이 그 경고대로 따라야 하는가? 도대체 누가 저런 주제넘은 참견을 한단 말인가? 그리고 모든 걸 떠나서, 당신은 원하는 대로 행동할 수 있다. 아마도 당신은 이제 발판을 의무감에 억지로 사용하거나, 혹은 더 이상 예전처럼 깨끗하게 먼지를 털려고 하지 않을 수도 있다.

사실 참 이상한 일이다. 그렇지 않은가? 배려가 갑자기 규정으로 격상되었고, 그리고 바로 그 때문에 원래의 당위성을 잃어버렸다. 다시 잘 생각해 보면 그런 일은 결코 놀랄 일이 아니다. 왜냐하면 대부분의 사람들은 위로부터의 강요나 지시에 의해 움직이기보다 자발적으로 행동하고 싶어 하기 때문이다. 신발의 먼지를 잘 털라는 경고와 같은 간단한 사례나 병역 대체 경험에 관한 이야기 뒤에는 근본적인 문제가 숨겨져 있다. 즉 무엇이 위로부터 정해지는 것이 좋고, 무엇이 스스로 조정하는 것이 좋은지의 문제이다. 이와 관련해서 중요한 점을 정리하면 다음과 같다.

1. 모두가 아는 분명한 목표 함께 무엇을 달성해야 하는지를 알지 못한다면 협력은 어려워진다. 예를 들어 병역 대체 근무자 그룹의 목적은 투명했다. 소방본부를 아침 8시부터 저녁 8시까지 X명의 사람들이 비우지 않고 지키는 것이다. 기업에서는 목표가 몇 배는 더 복잡하다. 그리고 다음과 같은 의문을 가져보는 일이 중요하다. 당신의 부서에 있는 모든 직원은 현재의 과제가 무엇인지 확실히 알고 있는가? 그리고 모두가 그 과제를 공동의 도전으로 이해하고 있는가? 나는 이미 경영 중재자로서 아주 놀라운 체험을 했다. 많은 사람들이 같은 사무실에서 일하고 있지만 각기 다른 별에 살고 있다는 사실이다.

2. 불필요한 위계질서의 타파 '수평적 위계(수직적 위계와 달리 직원 간에 자유로운 의견 교환이 이루어질 수 있는 구조)'에 대해 말만 하지 말고 실천하라. 만약 병역 근무 대체자 중 한 명이 팀장으로 임명되어 근무와 휴가 계획에 대한 책임을 맡게 된다면 어떤 일이 발생하겠는가? 아마도 개인이기주의가 슬금슬금 깨어나기에 충분했을 것이다. 누군가 팀장이 되면 자신을 위해 최고의 것을 얻어내고 싶은 유혹이, 같은 계급 사람들 사이에서 합의를 시도할 때보다 더 커질 것이다. 이런 문제가 직원들에게 지위를 분배하는 일조차도 힘들게 한다. 불필요한 위계질

서 대신 모두가 동료 같은 분위기를 만드는 것은 특히 젊은 직원들이 매력적으로 여기는 조건이다.

3. 강제로 조정하지 말 것 직원들이 스스로 조정할 수 있는 것은 그 어떤 것도 강제로 조정하지 말라. 그리고 직원들을 믿어라! 스스로 찾아낸 해결책은 상사가 명령한 것보다 더 신속하고 적극적으로 실행하기 때문에 결과 역시 좋을 수밖에 없다. 그러나 직원들이 요구했더라도 '성의 없는 결정'은 거부하라. 많은 직원들이 전임자로 인해 자기 책임에 대한 관념을 근본적으로 잃어버렸고, 이제 힘들게 되찾아야 하기 때문이다.

4. 내부 경쟁을 과열시키지 말 것 '분산시켜서 지배하라'는 원칙에 따른 경영은 팀 내에서의 공동 작업을 힘들게 한다. 더구나 당신은 직원들을 공개적으로 경주를 시킬 필요가 전혀 없다. 한 개인을 빛나는 본보기로 내세우거나 특별히 선호하는 것도 이미 결속을 위협하기에 충분한 행동이다.

5. '협동력' 있는 신입사원 '협동력'이라는 핵심 단어가 없는 채용 광고는 거의 없을 것이다. 그러나 일단 고용이 된 후에는 흔히 이런 능력보다 형식적인 자격들이 더 우선시된다. 실제로 대부분의 직원들은 새로운 동료를 출근 첫날 처음 만나는데도 그와 잘 지내야 하는 어려움이 있다. 그러므로 함께 일할 업무 팀을 신입사원의 입사 결정에 참여시키고 수습기간을 진정한 의미의 시험기간으로 삼아라. 대개 업무의 부족함은 개선되지만, 인성의 부족함은 개선되기가 매우 어렵다. 한 명의 방해자가 부서 전체를 분열시킬 수 있다.

6. 비우호적인 행동의 배척 비우호적인 행동에 아무런 제재를 가하지 않으면 협동력에 대한 호소는 공허한 말로 여겨질 뿐이다. 협동력이 좋은 팀에서는 중역인 당신이 재판관 역할을 할 필요가 없다. 직원들 스스로가 누가 다른 사람의 희생으로 편히 쉬고 있는지, 혹은 누가 부족한 업무 능력 때문에 동료를 궁지로 몰고 있는지 정확히 관찰하고 있다. 당사자는 언제가 되었든 분명한 지적을 받게 되고, 상사가 할 수 있는 것보다 훨씬 더 엄한 경고를 받는다.

7. 성공을 축하해 주기 성공을 체험한 직원들은 결속력이 더욱 좋다. 그러므로 일상적 스트레스에도 불구하고 성공을 축하하는 시간을 충분히 즐기도록 조치하라. 이 시간을 서로 더 잘 알게 되는 기회로 만들어라(그리고 부서 내의 볼링대회나 크리스마스 파티를 주말로 잡는 잘못을 저지르지 말라).

직원들이 개인적으로 잘 알수록 협력은 한결 쉬워진다. 인간적인 친근함이 공격성을 해체시키기 때문이다. 그래서 라인하르트 K. 슈프렝어는 "인간은 이웃사랑을 위해서는 인류학적으로 준비가 잘 되어 있는 존재이며, 멀리 떨어져 있는 사람에 대해서는 그렇지 않다"고 언급했다. 슈프렝어가 지적한 인류학적 상식에 따르면, 인간은 수백만 년 전에도 50명에서 100명의 개인들이 그룹을 이루어 살았다. 그러므로 인간은 적정한 규모의 그룹 생활이 가능하도록 프로그램 되어 있었다는 뜻이다. 그런 점에서 대형 조직이나 부서 경계를 넘어서는 범위에서는 작은 그룹보다 직원들의 협동이 어려워진다.

또한 공정함과 존중에 가치를 두는 기업문화는 그룹의 협동에 큰 도움이 된다. 왜냐하면 신입사원들은 각자의 경험에 따라 그 회사에 맞게 사회화되거나, 아니면 그 조직을 빨리 떠나기 때문이다. 회사에서 전체적으로 거친 바람이 분다고 해도 당신은 그룹 안에서 핸들을 반대로 돌릴 수도 있고 어떤 행동을 취할 수도 있다.

마지막으로 한 가지 덧붙이자면, 직원들이 일을 '너무' 잘 하면 그것을 위협적으로 느끼는 경영자들을 나는 알고 있다. 그들은 뛰어난 직원들이 회사를 상대로 이의를 제기할 때 그 영향력이 커질 것을 걱정하는 것이다. 나는 그것이 어리석은 생각이라고 믿는다. 당신은 일상적인 업무에서 당신 자신을 더 불필요하게 만들수록, 당신의 경영 능력을 위해서는 더 많은 이득을 얻게 될 것이다. 즉 경영진으로서 전략적인 임무에 몰두할 수 있을 뿐 아니라 당신의 부서를 위와 아래로 최상으로 대변할 수 있는 여유가 생긴다.

그 외에도 진정한 협력관계를 위해 올바른 기본 조건들을 마련하는 일도 큰 과제이다! 일단 그룹의 자발적 조정 능력을 시험해 보는 것이 좋으므로 먼저 휴가 계획을 맡겨보라. 당신은 직원들만의 조정 작업이 얼마나 잘 이루어질 수 있는지 놀라게 될 것이다.

최고의 경영자는 스스로를 불필요하게 만드는 사람이다!

대화에 말려들다

자책골 피하기

한 직원이 반복적으로 지각을 한다. 앞에서 나왔던 역위임의 사례와는 달리 그의 상사가 직접 이런 상황을 발견하게 된다. 한번은 업무 시작 후에도 그와 연락이 닿지 않았고(아직 안 왔는데요!), 한번은 그가 미팅에 너무 늦었으며, 한번은 우산과 코트를 손에 든 채 상사에게 달려온 적도 있다. "당신과 이야기를 좀 해야겠습니다." 상사가 말한다. "두시에 내 방으로 오세요!" 거기서 다음과 같은 대화가 진행된다.

상사 나는 당신이 최근에 지각을 하는 모습을 자주 보았습니다. 예를 들면 오늘 아침처럼 말입니다. 어떻게 된 일입니까?

직원 네, 그게, 제 자동차가 공장에 있습니다. 피스톤과 실린더가 마모되어서요. 교체할 엔진이 올 때까지 시간이 걸린다고 합니다. 그래서 요즘 버스를 타고 다니는데, 버스가 계속해서 너무 늦게 왔습니다.

상사 음, 그러면 우리가 이 상황에 대해 무엇을 할 수 있겠습니까?

직원 제게 그렇게 물어보시니 말씀입니다만, 만약 제가 수리가 끝날 때까지 회사 차를 쓸 수 있다면…….

상사 그건 안 됩니다. 그 차량들은 말 그대로 회사 업무용입니다.

직원 안타깝네요, 왜냐하면 저는 수리 비용을 빌려야 할 처지거든요. 제 월급으로는 충분하지가 않습니다. 그래서 몇 주가 더 걸릴 것 같습니다.

상사 당신은 차를 찾아올 수 없단 말입니까?

직원 네, 가불을 할 수 있다면 더 빨리 찾아올 수 있을 것입니다.

독일의 유명한 작가, 화가, 방송인인 빅코 폰 뷜로 알리아스 로리오트의 85번째 생일에 《아, 뭐야!》라는, 딱 맞는 제목의 책 한 권이 출간되었다. 로리오트는 이 짧은 구절을(짧게는 "아!") 영원히 잊히지 않는 표현으로 만들었다. 이 말은 그의 여러 작품에 나오는 다양한 상황에서 아주 적절히 사용된다.

■ ■ ■

'아!'라는 말은 일종의 감탄사로서 역사적으로 오랫동안 사용되어 왔다. 더 자세히 말하자면, 그것은 '징조의 감탄사'로서 억양에 따라 다양한 감정으로 표현할 수 있다. 바로 그 점이 이 말을 언어적인 기적의 방패로 만든다. 만약 당신이 '아!'를 냉정하고 무심하게 내뱉는다면 상대방에게 "그런데 그게 나랑 무슨 상관이지?"라는 의미의 신호를 보내는 것이지만, 그런 사실을 솔직하게 말하지 않아도 되고 상대의 체면을 손상시키지도 않는다.

인정하건대, 나는 말이 많은 사람이다. 그리고 직원 면담을 할 때 사소한 일에 대해서도 너무 말을 많이 한다. 그러던 어느 날 저녁 텔레비전에서 불멸의 로리오트 희극 시리즈 중에서 '욕조 속의 두 남자' 편의 재방송을 보면서 그 해결책을 찾게 되었다. 즉 아무 말도 하지 않는 사람은 틀린 말도 하지 않는다는 사실을 말이다. 그렇다고 내가 여기서 로리오트의 '아!'라는 말을 사용하자는 것이 아니다. 그 말은 이미 널리 알려져 있다. 그러나 길게 말하는 대신에 '그래서?'(더 공손하게 긴 문장으로 말하자면, '네, 그래서요?', 가장 공손한 형태로는 '네, 그래서 당신은 이제 어떻게 하실 겁니까?')라는 말도 역시 여러 상황에 잘 적용될 수 있을 것이다. 바로 다음과 같이 말이다.

상사 나는 당신이 최근에 지각을 하는 모습을 자주 보았습니다. 예를 들면 오늘 아침처럼 말입니다. 어떻게 된 일입니까?

직원 네, 그게, 제 자동차가 공장에 있습니다. 피스톤과 실린더가 마모되어서요. 교체할 엔진이 올 때까지 시간이 걸린다고 합니다. 그래서 요즘 버스를 타고 다니는데, 버스가 계속해서 너무 늦게 왔습니다.

상사 (눈썹을 올리면서) 네, 그래서요?

직원 버스가 원래는 정확히 8시에 도착해야 하는데, 자주 15분 늦게 도착합니다.

상사 (냉정하게) 그렇군요. 그래서 당신은 이제 어떻게 할 것입니까?

직원 저는 물론 더 일찍 오는 버스를 탈 수 있습니다. 그러나 그 버스를 타면 너무 일찍 오게 될 것입니다.

상사 음……. (잠시 쉬었다가, …… 여전히 쉰다. 당신은 상사로서 이런 침묵을 견뎌야 한다. 걱정하지 말라, 금방 지나갈 것이다).

직원 (더 이상 침묵을 견디지 못하고) 그러니까 사장님께서는 제가 너무 늦는 것보다는 8시 전에 오는 방법을 택해야 한다고 생각하시는 거죠?

상사 (친절하게) 나는 당신이 다시 성실하게 8시에는 출근해 있기를 바랍니다.

이제 당신은 깨달았을 것이다. 두 번째 버전의 대화에서는 사장이 직원에게 이용당하지도 않고, 직원은 어느 순간 스스로 해결책을 찾아야 한다는 사실을 깨닫게 된다. 왜냐하면 여기서 도대체 누구에게 문제가 있는가? 중역인가? 아니면 직원인가? 맨 앞의 이야기에서는 상사가 갑자기 방어적인 자세가 되고, 반면에 그의 직원은 느긋하게 등을 기대는 입장이 된다.

여기에 덧붙여 또 하나의 비결을 말하자면, 절대로, 결코 절대로 "그렇다면 우리가 무엇을 할 수 있을까요?"라고 말하지 말라. 왜냐하면 회사는 병원이 아니기 때문이다. 어쭙잖게 똑똑한 직원들은 이런 말꼬리를 이용하고, 당신이 어떻게 자신의 문제를 풀어줄 수 있는지 멋진 아이디어를 제공한다. 고전적인 자책골이다!

또한 거의 모든 중역들이 위 이야기에 나오는 상사처럼 행동한다.

즉 그들은 직원을 자신의 방으로 오라고 명령하는데, 아마도 그것은 많은 컨설턴트들이 당신에게 '홈그라운드의 장점'을 이용하라고 조언했기 때문일 것이다. "2분 안에 내 방으로!"라는 말의 효과를 얻으려는 것은 대단히 권위적인 발상이고 바람직한 대화의 토대를 무너뜨린다. 훨씬 더 간단한 방법이 있다. 즉 나는 언제부터인가 직원들의 옆을 지나다니면서 직원들이 시간적 여유가 있어 보일 때 바로바로 어떤 문제에 대해 설명하는 것이 습관이 되었다.

자책골이 되는 대화를 피할 수 있는 가장 짧은 말은? 아주 간단하다. "그래서요?"

10분 지각은 기본?

변명 혹은 해명

화요일 아침의 부장회의. 언제나 그렇듯 정확히 10시 30분에 시작될 예정이다. 그리고 흔히 그랬듯 사장을 기다리고 있다. 10분 지각은 기본이다. 이번에도 역시 그렇다. "미안합니다, 신사 여러분. 힌터포펠스하우젠의 시장이 쉐네베르거 언덕의 건설 현장 설치 때문에 전화를 해서요. 거기에 문제가 있는데……, 지역 단체들이……, 왜냐하면 들쥐들이……, 해결책은……." 대부분의 참석자들이 그저 건성으로만 듣고, 몇몇 사람들은 스마트폰에 집중하고 있다. 모두가 이 시간이 빨리 끝나기를 고대하고 있다. 이미 한 사람씩 날카로운 시선으로 시계를 쳐다보고 있다. 힌터포펠스하우젠 시장이 전화를 해서 뭐라고 말했는지에 대해서는 사실 아무도 관심이 없다. 이런 장황한 수다는 쾅 소리를 내며 자리에 앉아서 아무 설명 없이 회의 일정을 시작하는 마지막 참석자의 불손함보다 더 참기 어렵다.

■ ■ ■

당신은 잘 알고 있다. 회의에서 한 사람이 지각을 한다면, 그 사람이 상사일 가능성이 매우 높다. 그리고 정신없는 업무 속에서 아마도 그에게는 그럴듯한 이유가 있을 것이다(자신이 상사이므로 다른 사람들은 불평 없이 기다려야 한다는 것을 시위하기 위해 의도적으로 늦게 오는 소인배는 여기서 제외하겠다). 정확한 시간에 회의에 참석하지 못하는 일은 때때로 일어날 수 있고, 아마 당신도 그럴 것이다.

오랫동안 나는 이런 상황에서 어떻게 대처해야 할지 당황스러웠다. 일단 회의를 시작한다? 혹은 진부한 변명을 하고 옹색한 사과를 한다? 그러던 중 나에게 좋은 아이디어가 떠올랐다. 그 이후로 나는 먼저 친절하게 이렇게 말한다. "저를 기다려주셔서 감사합니다!" 그런 다음 상황이 허락되고 내가 바로 그 직전에 중요한 일을 해야만 했다면 이렇게 물어본다. "혹시 제가 왜 늦었는지 알고 싶으신가요?" 대부분의 경우 이 질문은 일부 참석자들의 호기심을 자극한다. 그리고 누군가가 "네"라고 대답한다. 그러면 나는 근거가 충분한 이유들에 대해, 예를 들면 마지막 순간에 겨우 위기를 막은 회사의 대형 사고에 대해, 최악의 교통사고가 나서 누군가에게 응급조치를 해주어야 했고 아마도 그 덕분에 생명을 구했던 일에 대해, 지점의 잠재력을 인정하고 마침내 5곳의 추가적인 승인을 내린 콘체른 본부와의 전화 통화 등에 대해 설명할 수 있을 것이다.

마치 강의에 지각한 남학생처럼 더듬거리며 용서를 구하는 것은 당신을 작게 만들 뿐이다. 그렇게 하면 당신은 어쩔 수 없이 스스로를 정당화하기 시작한다. 그렇다면 교통체증, 날씨, 시민단체 등의 탓일 뿐, 당신에게는 전혀 잘못이 없다는 것인가? 누가 그런 이야기에 관심을 갖겠는가? 그러나 해명은 정당화 시도와는 다른 효과를 낸다. 그 차이는 간단하다. 정당화는 요구에 의한 것이 아닌 반면, 해명은 요구에 의해 행해진다. 해명이란 어떤 정보에 관심이 있는 누군가에게 그 내용을 알려주는 것이다.

이것은 단지 회의 지각의 경우에만 해당되는 것이 아니다. 예를 들어 사람들이 당신에게 회사 동료들이 운영하는 특정 단체를 지지할 것인지 묻는다. 혹은 이미 두 번의 경고를 받은 마이어 씨에게 한 번의 기회를 더 줄 것인지 당신의 뜻을 알고 싶어 한다. 또한 사람들은 당신이 특정한 후배 사원의 멘토로 활동할 수 있는지 묻는다. 이 세 가지 경우 모두에 대해 당신의 대답은 간단히 'No'여야 한다. 만약 당신이 이런저런 이유를 덧붙이게 되면, 그 말은 단지 정당화의 시도로 받아들여진다. 당신이 간단명료하게 'No'라고 말할 때, 상대방이 당혹해하는 반응을 보이면 설명을 할 수 있는 기회가 생기고(그 이유를 알고 싶으십니까?), 그런 다음 주체적으로 해명을 할 수 있을 것이다. 변명하는 사람은 후회하게 마련이다.

> 절대 사과를 하지 않는 것은 좋은 삶의 원칙이다. 올바른 사람들은 사과를 기대하지 않는다. 그런데 올바르지 않은 사람은 거기에서 불쾌한 이득만을 뽑아간다. P. G. 우드하우스(1881~1975)

원칙인가, 거래인가?
갈등 피하기

주택 지역 근처에 있는 건설 현장. 지금까지 화물차가 거의 다닌 적이 없던 곳에서 갑자기 몇 분 간격으로 굴착기, 불도저, 땅 고르는 기계 등이 지나다닌다. 며칠 지나지 않아 주민들의 불만이 쇄도한다. 어떤 사람의 집에서는 진동 때문에 벽에서 그림이 떨어졌다. 액자가 부서지고, 그림이 손상되고, 나무마루에 상처가 났다고 한다. "비싼 대가를 치러야 할 것입니다!" 또 다른 이웃집에서는 소위 소중한 식기(유품이기 때문에 아예 대체가 불가능한)가 비슷한 방식으로 손상되었다고 한다. 도로 건너편에 있던 금방 세차한 자동차가 먼지로 뒤덮이고, 빨랫줄에 널린 옷들도 더러워졌다고 한다. 집 벽에 생긴 틈도 새로 생긴 것이라고 주장한다.

젊은 현장감독은 마치 사기꾼들에게 포위된 것처럼 느끼고, 감정사가 등장하고, 전화로 논쟁을 하고, 결국 그로서는 다른 방법이 없다고 서면으로 입장 표명을 한다. 과연 이 일이 간단히 해결되었을까? 결코 그렇지 않았다.

몇 년 뒤에 이 현장감독은 그때 배운 경험을 활용한다. 그는 건설 현장에서 작업을 시작하기 전에 이미 주민들을 착공 간담회에 초대하고 건설 기간 중에 그들에게 중요한 것이 무엇인지 물어본다. 직원들은 미리 세차 쿠폰을 나눠주고, 주민들이 이것을 가지고 회사 비용으로 세차할 수 있도록 조치한다. 도로 공사 때문에 진입로가 막히면 직원들이 직접 나서서 쓰레기통을 도로까지 운반해 준다. 공사가 중반을 넘어서자 모두를 위한 바비큐 파티가 열리고 거의 완성된 새 도로를 위해 건배한다. 건설 총비용은 그 어느 때보다도 최소로 충당되었다. 그리고 그림, 접시, 혹은 벽에 생긴 틈에 대한 불만이 훨씬 줄어든다. 무엇보다도 좋은 것은, 관심이 많은 주민들이 주말에도 건설 현장을 지켜보기 때문에 별도의 경비원이 필요 없게 되었다는 점이다.

■ ■ ■

"강철로 된 괴물이 울부짖으며 땅 속에 분화구를 만들고, 나무들을 마치 성냥처럼 꺾어버리고, 엄청난 양의 흙을 끌어오고, 자갈 조각들을 으스러뜨려 부순다." 한 체험놀이의 광고문에서는 '괴물 굴착기'를 이렇게 선전하고 있다. 인정한다. 그런 괴물 굴착기가 하루 종일 자신의 집 앞에서 소음을 낸다면 누군들 짜증이 나지 않겠는가? 그럼에도 불구하고 내가 이해할 수 없었던 것은, 정당한 요구들 외에 말도 안 되는 손해배상 요구들이 너무도 많이 접수되었다는 점이다. 나는 이를 처리하기 위해 많은 시간을 허비해야 했고 엄청난 스트레스를 받았다. 그러다가 어느 순간 차분해지면서 이런 의문이 들었다. 이 일들이 과연 가치가 있는 일인가? 타협을 위한 시간 낭비, 이리저리 오고가야 하는 번거로움, 흥분과 분노. 당연히 그럴 가치가 없는 일이었다. 내게 중요한 것은 돈(사실 보상액수는 예측 가능한 정도였다)이 아니라 '원칙'을 지키는 일이었다. 그러나 혹시 내가 원칙을 고수하려는 사람을 탐탁지 않게 여긴 적은 없었는가? 그래서 나는 앞으로는 더 이상 이런 문제를 만들지 않기로 마음먹었다.

"적을 이길 수 없다면 그를 친구로 만들어라"라는 말이 있다. 이런 상황에 아주 적합한 말이다. 건설 현장에서 생기는 갈등의 원인은 분명하다. 인간관계에 문제가 없다면 우리는 많은 일을 쉽게 합의할 수 있다. 그러나 인간관계가 좋지 못하다면 똑같은 문제라도 극적으로 커질 수 있다. 당신의 새 이웃이 이사를 와서 사전 예고도 없이 몇 주 동안 공사 소음을 낸다면, 그것은 적대적 관계의 시작이 될 수 있다. 똑같은 상황에서 이웃이 술 한 병을 들고 찾아와 이해를 부탁하고 언제 특별히 소음이 클지를 알려주어 당신이 미리 대비할 수 있다면 모든 상황은 달라진다. 당신은 존중받는다고 느낄 뿐, 도전받았다고는 느끼지 않는다.

사람간의 갈등이 커지면 일과 관련된 문제들도 빠르게 갈등의 배경이 된다. 상처 입은 감정, 비방, 뒤틀린 자만심 등이 갈등을 더 깊게 만든다. 사람들은 상대의 의도, 오만함, 뻔뻔함을 부정적으로 받아들이고 복수심에 사로잡힌다. 이럴 때 충동적으로 행동하거나 모두에게 손해인 전쟁을 시작하는 것보다는 최대한 전쟁을 피하거나 단계적으로 상황을 축소시키는 것이 불필요한 에너지 소모를 막아준다. 그러기 위해서는 냉철한 머리와 주체성이 필요하다. 그리고 당신이 다음 번에 누군가를 화나게 했을 때는 '원칙'에 대해 생각하지 말고, 털이 뻣뻣한 동물이 와서 비벼대도 끄떡도 하지 않는 커다란 떡갈나무를 떠올려보는 것이 어떨까?

적을 이기는 가장 우아한 방법은? 적을 껴안고 그를 친구로 만드는 것이다.

폭풍 수다쟁이 상사

우아하게 말 끊는 법

주간 회의는 매주 목요일 오후 4시 30분부터 6시까지로 정해져 있다. 그러나 참석자들은 이런 규정에 그저 웃음만 나올 뿐이다. 지점장이 한번 이야기를 시작하면 아무도 그를 중단시킬 수 없기 때문이다. 7시 30분 전에 끝나는 경우는 매우 드물다. 모두가 싫은 게임을 좋은 표정으로 하고 있는 셈이다. 누가 자신의 상사를 중단시킬 수 있단 말인가? 게다가 몇몇 다른 동료들이 덩달아서 사장의 열변을 자신들의 발언 기회로 삼으려고 할 때 상황은 더 심각해진다. 회사 내의 이런 문제는 새 동료가 들어오기 전까지는 해결책이 없어 보였다.

새로 온 동료는 처음 몇 주 동안은 흥미롭게 회의를 경청하고 말은 거의 하지 않는다. 그러나 지점장이 세 번째 혹은 네 번째 회의에서 또다시 끊임없이 얘기를 계속하자, 그는 지점장이 처음으로 숨 고르는 순간을 재빠르게 포착한다. "지점장님, 매우 흥미로운 관점이네요. 제가 조금 덧붙여도 된다면……?" 지점장은 잠깐 놀란 듯 쳐다보았지만, 고개를 끄덕인다. 몇 분 후에 이 주제는 마무리되고 다음 항목으로 넘어간다.

15분이 지나자 다시금 일상적인 지점장의 강연이 시작되고, 새 동료가 다시 우아하게 그의 말 사이에 끼어든다. "네, 그 일은 O씨가 담당하지 않았나요? 이 문제를 어떻게 생각하나요, O씨?" 그 전까지 조용하던 O씨는 잠시 당황한 듯 보였지만 곧 정신을 차리고 몇 가지 짧은 지적을 함으로써 참석자들이 지점장의 길고 이해하기 어려운 조언을 듣지 않도록 해준다. 6시 5분 전에 모두가 각자의 서류철을 덮는다. 퇴근이다! 지점장 스스로도 신참 직원의 논리적인 토론 진행에 매혹된다.

■ ■ ■

'병적 다변증'이란 사전에 따르면 "병적으로 말이 많고 횡설수설함"을 뜻한다. 대부분의 사람이 이 병의 증상을 잘 알고 있다. 내가 세미나에서 "말이 너무 많은 사람을 어떻게 중단시킬 수 있을까요?"라는 질문을 던지면 바로 모든 참석자들의 관심이 집중된다. 그러다가 내가 "그냥 중단시키세요!"라고 제안하면 당황스러운 시선을 보내거나 화를 낸다. 그렇게 하는 것은 옳지 않다는 것이다. 이런 배려 있는 행동규범은 분명 대부분의 가정에서 일종의 기본 예의로 교육 받은 덕이다. 그런데 내가 "여러분은 혹시 부하직원의 말을 중단시키는 데 어려움을 느낍니까?"라고 물으면 대부분의 사람들이 고개를 흔든다. 아하, 그러니까 누군가의 말을 중단시키는 것은 대단히 무례한 일인데, 직원들에게는 무례하게 대해도 된다는 말인가?

상사들이 부하직원의 말을 거리낌없이 중단시키고, 반대로 직원들은 아주 드물게만 상사의 말을 중단시킬 수 있다면, 언어에 대한 오래된 역사적 사실이 입증되는 셈이다. 즉 우리는 말하는 시간을 통해 누가 지배자의 위치에 있는지 알아낼 수 있다. '위'에 있는 사람은 자신이 말할 시간을 마음대로 사용할 수 있고, '아래'에 있는 사람은 참고 들어야 한다.

이와 반대로 같은 눈높이에서 의사소통이 이루어지면 말하는 분량이 조절되고 어느 정도 균등하게 나누어진다. 토크쇼에 등장하는 전형적인 정치인들의 말싸움은 각 정당이 다른 정당을 굴복시키려 하고, 그래서 거리낌없이 말을 쏟아내기 때문에 벌어지는 일이다. 이런 모습은 아이들의 방에서 보는 것과 크게 다르지 않다. 말을 중단하는 사람이 약점을 보이는 것이고 패배한 것이라고 여긴다.

대부분의 말 많은 사람들은 자신들이 말이 많다는 것을 사실 아주 잘 알고 있다. 단지 그들은 이것을 특별히 문제가 있다고 여기지 않는데, 왜냐하면 사람들이 매우 즐거운 표정으로 자신의 말을 경청하기 때문이다. 나 역시도 열정적으로 말을 할 때는 말이 많아진다. 위 이야기에서 언급한 새로 온 직원은 지점장인 나에게는 하늘에서 내려준 선물이었다. 그는 매우 우아하게 나의 말을 중단시켜 처음에는 어떤 일이 일어난 것인지 전혀 알 수 없을 정도였다. 다음 순간 나는 그의 천재적인 전략을 직접 활용해 보기로 마음먹었다.

말이 많은 사람을 능숙하고 우아하게 중단시키려면 상대의 체면을 손상시키지 않으면서도 말의 흐름을 끊을 수 있어야 한다. 예민한 사람이라면, 토크쇼의 정치인들은 제외하고, 대부분 말없는 신호를 통해서도 멈추는 것이 가능하다. 즉 시선 교환, 입을 살짝 벌리거나 말을 시작할 준비를 하는 것을 통해서 말이다. 약간의 행운이 따른다면 말하던 사람이 자신의 말을 중단하고 당신에게 이렇게 말할 것이다. "네? 무슨 할 말이 있습니까?" 그러나 흔히 이런 신호만으로는 충분치 않기 때문에 당신은 더 확실하게 표현해야 한다. 예를 들어 제스처(추가적으로 손이나 팔을 가볍게 올린다)를 통해서 말이다.

이것으로도 충분하지 않다면 제3단계를 추천한다. 상대가 숨을 고를 때를 기다려라. 그리고 생물학적으로 피할 수 없는 아주 짧은 휴식시간을 친절하게 점령하는 것이다. "아, 뮬러 박사님, 그것은 정말 흥미로운 관점입니다. 제가 조금 덧붙여 말해도 된다면……" 혹은 "네, 맞습니다! 그 외에도……." 이럴 때는 언제나 긍정적으로, 예를 들면 '네'라는 말을 이용해서 시작하라. 비록 당신이 그후에 지금까지 얘기한 것과 정반대가 되는 이야기를 한다고 해도, 당신의 말투가 친절하고 호의적이라면 상대는 당신의 말을 기분 좋게 경청할 것이다. 말투는 대화에서 중요한 역할을 한다. 말투는 칭찬을 날카로운 비난으로 만들기도 하고, 반대로 이의제기를 공손한 보완으로 바꾸기도 한다.

또한 당신은 말할 차례를 당신 자신이 아니라 제3자에게 돌아가게 할 때 특히 더 우아하게 말 많은 사람을 중단시킬 수 있다. 흔히 사려가 더 깊지만 내성적인 사람들은 주제에 대해 할 말이 많아도 거칠게 등장하는 동료들 때문에 침묵하는 경우가 많다. 왜냐하면 이들은 대화에서 공격적으로 발언 분량을 차지할 용기가 없기 때문이다. 그러므로 당신이 그런 사람들에게 예를 들어 "전문가인 당신은 어떻게 생각하는지 여쭤보아도 될까요?"라고 질문한다면 말이 많은 사람을 중단시키면서 원래의 사안으로 넘어갈 수 있을 것이다.

당신은 단지 당신이 하는 일에 대해서만 책임이 있는 것이 아니다. 당신이 해야 할 일을 하지 않은 것에 대해서도 책임이 있다.

홈그라운드의 이점?

하청기업 관리에 대해

한 하청기업이 그 분야에서 신용이 좋은 파트너로 알려져 있다. 회사를 운영한 지 오래 되었고, 경험이 많고, 지역 사정도 잘 알고 있다. 지점장은 그 하청업자에게 중요한 건설 계획을 맡기고 싶다. 그런데 관례대로 서면으로 된 견적서를 요구하고 마라톤협상을 시작하는 대신에 지점장은 자동차를 타고 작은 하청기업의 사장을 개인적으로 방문한다. 사장은 이른 저녁에 커다란 업무용 차량이 회사 마당으로 들어오자 조금 놀라는 반응을 보인다. 원래는 위탁자가 정한 날짜에 소환되는 일이 더 익숙하기 때문이다. 사장은 지점장을 자신의 사무실로 안내한다. 두 사람은 한번에 이야기가 통한다. 직접적인 대화 속에서 프로젝트의 세부 조건들이 빠르게 해결된다. 지점장과 하청업자는 악수를 하며 헤어지고, 서면 제안서는 단지 형식일 뿐이다. 두 회사의 공동 작업은 아무런 문제없이 순조롭게 진행된다.

■ ■ ■

사업을 할 때 상대방은 당신에게 적인가 혹은 파트너인가? 나는 상대방을 파트너로 대하기 시작한 이후로, 적어도 상대가 나와는 전혀 다른 생각을 하고 있다는 신호를 보내기 전까지는, 나의 삶이 훨씬 더 편안하게 흘러가는 경험을 했다. '홈그라운드의 이점'이란 처음부터 한 쪽에게 협상이 더 유리하도록 만드는 일반적인 책략 중 하나다. 대부분의 사람들은 낯선 구역에 있을 때 익숙한 곳에서보다 불안정하게 행동한다. 그런 점에서 대화 상대를 자신이 있는 곳으로 초대하는 것이 유리하다. 그래서 축구팀이 홈구장에서 패배하면 그 굴욕이 원정경기 때의 패배보다 더 큰 것이다.

나는 언제부터인가 사업 관계를 시작할 때 하청기업을 개인적으로 방문하기 시작했다. 작은 납품업체를 둘러보는 일은 내게도 전혀 손해가 되지 않았다. 나의 그런 행동은 항상 사람들을 놀라게 했는데, 왜냐하면 스스로 '홈그라운드의 이점'을 포기하는 것은 일반적인 일이 아니기 때문이다. 내가 친절하게 "저는 우리가 잠깐이라도 개인적으로 인사를 하는 것이 좋겠다고 생각했습니다"라고 말하면 거의 모든 사람들이 격한 감동을 받는다. 우리가 상대를 같은 눈높이로 대하면 상대는 그것을 대단히 높이 평가한다. 그리고 알려져 있다시피 첫인상이 다른 모든 일에도 영향을 미치기 때문에 이런 나의 행동은 이후의 업무에 긍정적인 영향을 미친다.

직접 상대를 찾아가는 수고를 감당한다는 것은 존중의 표시다. 이와 더불어 우리는 하청기업 방문을 통해 사업 파트너에 대해 더 많은 것을 알게 된다. 화려한 안내 책자보다도 직접 가서 회사의 게시판이나 직원 신문을 들여다보라! 하청기업의 마당은 어떤 모습인지, 직원들은 어떻게 지내는지를 훨씬 더 잘 알 수 있다.

당신의 상대가 적이라면 그를 이기고 싶어진다. 그러나 당신이 그를 파트너로 여기면 상대 역시 정당한 이해관계를 가지고 있다는 것을 인정하게 된다. 그렇게 되면 당신의 목표는 나만을 위해 최고의 조건을 쟁취하는 것이 아니라, 타당한 해결책에 도달하는 것이 된다. 나도 이런 사실을 항상 의식했던 것은 아니다. 젊은 현장감독이었던 시절에 나는 대단히 설득력이 뛰어난 상사 밑에서 일했다. 그는 내가 맡은 첫 번째 프로젝트에서 하청기업을 상대로 가격을 심하게 깎으라고 요구했다. 그는 첫 번째 제안서를 살펴보고 이렇게 말했다. "그쪽에서 당신을 놀리고 있는 겁니다! 지난번에 우리는 그 절반의 가격만 지불했어요!" 나는 여러 차례 치열하게 협상을 벌였고 마침내 '예전 가격'으로 합의했다. 그 계약은 당시에 큰 화제가 되었는데, 왜냐하면 나의 상사는 나중에야 히죽거리며 그 회사와는 한 번도 일을 해본 적이 없다고 털어놓았던 것이다. 그러나 우리의 승리는 오래가지 않았다. 그 하청기업은 파산했고, 우리의 평판은 현저히 나빠졌다. 왜냐하면 우리의 잔인한 가격 협상 정책이 소문났기 때문이다.

오늘날 나는 공정함이 지속적으로 더 많은 이익을 가져다준다고 확신한다. 불공정한 게임을 즐기는 사람은 아마도 튼튼한 보호대를 착용해야 할 것이다. 또한 나는 심하게 흥분했을 때 하는 말에 대해 훨씬 더 조심스러워졌다. "말은 총알과 같다"는 문구를 읽고 머리를 한 대 얻어맞은 느낌이었다. 말은 상처를 줄 수 있고, 한번 밖으로 나오면 다시 집어넣을 수 없다. 그래서 나는 예전에 쉽게 했던 많은 말들을 지금은 자제하고 있다. 다른 사람을 간접적으로 바보로 낙인찍는 거만한 평가(그건 정말 한마디로…….), 비방(지금 나를 놀리는 겁니까?), 극단적인 판단(말도 안 돼!), 그리고 빈정대는 말(정말 아주 대단한 해결책이네요!). 우리 스스로 각자의 말에서 가시를 뽑아내면, 주변의 많은 사람들이 편안해하고 우리를 친근하게 대하는 즐거운 경험을 하게 된다. 우리는 대부분의 경우 뿌린 대로 거둔다.

다른 사람들을 적으로 대하는 사람은 전투를 위해 많은 시간을 할애해야 한다.

"식사하며 얘기합시다!"

단일화의 위력

매달 본사에서 중역 회의가 열린다. 각 지역의 모든 지점장이 참석하고 세 명의 이사들과 함께 전략적인 문제와 예산 문제를 논의한다. 시작은 언제나 똑같다. 정확히 9시에 시작한다. 늦어도 9시 15분에는 첫 번째 팀이 맞붙어 서로 싸운다. 각자가 중역들 앞에서 가급적 잘 보이기 위해 노력한다. 필요할 경우, 동료를 희생시키는 일도 서슴지 않는다.

분배에 대한 싸움은 일반적인 일이다. 그리고 모든 분배 방식은 무엇보다도 각자의 지점에 유리한지 손해인지에 따라서만 표결된다. 회사의 고위 간부들은 그저 제일 나중에 이미 사전에 정해진 그들의 목표에 맞게 '조정'하기 위해 느긋하게 등을 기대고 앉아 있으면 된다. 늘 똑같던 이런 게임은 비로소 새로운 지점장 덕분에 끝낼 수 있게 된다. "모두들 전날 저녁에 도착하니까 미리 모여 식사를 하는 게 어떨까요?"라고 제일 젊은 신참 지점장이 제안한다. "많은 분들이 회의 당일 저녁 때는 바로 각자의 집으로 가셔야 하니까요."

그래서 지점장들은 맥주와 돼지고기를 먹으면서 대화를 하게 되고 본사에 대한 불만도 털어놓기 시작한다. 또한 현장에 있는 사람들로서 본사에 대한 요구사항에 대해서도 이야기하게 된다. 갑자기 공동의 관심사가 눈에 보인다. 그리고 현재 처리되어야 하는 일의 구체적인 문제들이 순식간에 표결로 이어진다.

다음날 아침, 회사의 고위 간부들은 깜짝 놀라서 눈을 비빈다. 왜냐하면 그들은 갑자기 결탁된 모습의 참석자들을 보았기 때문이다. 더 이상 '분산시켜서 정복하기'의 낡은 게임 방식은 통하지 않는다. 이런 상황이 몇 번 더 반복되자 본사는 '내부 사정에 따라' 회의를 11시로 옮긴다. 그럼으로써 지점장들이 전날 저녁 식사를 하지 못하도록 한 것이다. 그러나 이미 지점장들의 네트워크가 연결되어 있었고, 그들의 공조는 계속해서 유지된다.

■ ■ ■

나는 많은 회사 동료들이 준비가 안 된 채 중요한 회의에 들어와 실수하는 모습을 보고 깜짝 놀라곤 한다. 회의에서 '객관적인 토론'이 이루어지고 '더 좋은 주장'이 관철될 것이라는 생각 자체가 터무니없는 것이다. 나는 경영자로서 초보 시절에 몇 번 당황스러운 경험을 한 후에 확실히 알게 되었다. 우리가 미리 재빠르게 조치를 취해놓지 않으면 회의 결과가 매우 이상하게 흘러갈 수 있다는 점을 말이다. 사실 이것은 어느 정도는 맞는 말이다. 모든 회의는 자기 이익, 호감과 반감, 공적인 계산과 빗진 호의 등이 뒤섞인 예측 불가능한 혼합물이다. 그 외에도 회의는 많은 사람들에게 자신을 표현하고, 말하는 시간과 분량을 통해 자신의 지배력을 시위하려는 무대이기도 하다. 중요한 상사들이 참석했다면 회의가 지닌 무대로서의 역할은 더 커진다.

앞에서 예로 든 중역 회의에서 문제가 되는 상황은 분명했다. 각 지점은 다른 지점들의 실적이 신경쓰였기 때문에 지점장들은 본능적으로 서로를 경쟁자로 관찰하고 공동의 관심사를 등한시했다. 그렇지만 지점장들이 고위 간부들의 '분산시켜서 정복하기'의 원칙에 대해 프로이센의 장군 헬무트 폰 몰트케의 오래된 전술을 이용해 대적하는 데에는 몇 시간도 채 걸리지 않았다. 즉 나누어서 행진하고, 합해서 때리기의 방법을 사용했다. 회의에서 가장 빈번한 불시착의 오류를 방지하기 위해 몇 가지 간단한 행동 원칙이 도움이 될 수 있을 것이다.

- 당신은 누가 당신의 계획에 관련되는지 미리 의문을 가져보았는가? 누가 이익을 얻고, 누가 손해를 보게 될 것인가?
- 이익을 얻게 될 사람들과 당신의 관계는 얼마나 좋은가? 그들이 당신을 지지하겠는가?
- 가능한 반대파들(손해를 걱정해야 하는 모든 사람들)이 얼마나 영향력이 있는가?
- 상사의 태도는 어떠할 것인가?
- 누가 당신에게 호의를 빚졌는가? 누구와 정산할 것이 아직 남아있는가?
- 당신은 어떤 논리적 주장들을 예상해야 하는가? 당신은 이것을 어떻게 무력화시킬 수 있는가?

- 당신은 예상되는 참석자들과의 문제를 사전에 개인적으로 해결할 수 있는가?
- 시간과 상황이 당신의 계획에 유리한가?
- 만약 당신이 계획대로 성공하지 못했을 경우 플랜 B를 가지고 있는가? 당신은 이 차선의 해결책을 혼자서 해낼 수 있는가, 아니면 참석자들의 지원이 필요한가?

당신에게 중요한 결정일수록 사전에 다른 참석자들의 태도를 알아내 연대감을 조성하는 것이 바람직하다. 그렇게 해서 당신은, 무관심한 회의 참석자들이 즉흥적으로 입장을 정하거나 언젠가 공개적으로 말했던 의견을 번복하기 귀찮아서 반대자로 변하는 것을 방지할 수 있다.

무엇보다도 회사 내에서 다각적인 네트워크를 가지고 있고 빠르게 의사소통(자네는 어떻게 생각하나?)을 하는 중역들이 회의에서 유리하다. 재능 있는 직원들을 격려하고 그 직원들이 동료 중역으로 승진할 때 기뻐해주는 사람, 회의 중 휴식시간에 스마트폰에만 몰입하지 않고 몇 마디라도 사적인 이야기를 나눌 여유가 있는 사람, 개인적인 관계를 돈독히 하기 위해 회사 행사를 이용하는 사람, 그리고 구내식당에서 매일 똑같은 사람들과 앉지 않는 사람은 아마도 회의에서 큰 문제가 없을 것이다.

사실 다른 사람들에게 호감을 주는 사람이 되는 최고의 방법은 생각보다 간단하다. 당신 스스로가 다른 사람들에게 호의와 관심을 보이면 된다. 진정한 관심과 주의를 기울이는 대화 파트너에게 반감을 가질 사람은 거의 없다.

> 친구가 필요해지기 전에, 먼저 친구를 만들어 놓아라.

"당신은 구조대인가?"

도움은 도움이 아니다

최근에 임명된 지점장이 참석하는 첫 번째 중요한 회의. 이곳에서는 신참을 다루는 방식이 다소 거칠다. 다른 참석자들보다 약 열 살이나 어린 이 지점장은 자신의 말을 경청하게 만드는 것조차 힘겨워 보인다. 어렵사리 그런 순간에 도달한다. 사실 그가 감수해야 했던 빠른 승진의 대가는 가장 실적이 나쁜 지점을 맡는 일이었다. 소위 모험의 장소로서 더 이상 나빠질 것조차 없는 곳이다. 그럼에도 불구하고 사람들은 다각도로 그에게 질문을 퍼붓는다. "현재의 채권 상황에 대한 전망을 가지고 있나요?" "XY 근처에 있는 대형 건설 현장의 지연 사태에 대해 어떻게 생각하십니까?" "추가적으로 비용을 절약할 수 있는 가능성이 어디에 있다고 봅니까?" 새로 온 지점장은 거의 말을 하지 못한다. 결국 보다 못한 사장이 끼어든다. "이제 젊은 동료 M씨가 제대로 말을 끝낼 수 있게 해줍시다!" 그러나 이때 지점장은 과한 의욕을 보인다. "고맙습니다만, 저는 다른 사람의 도움은 필요하지 않습니다." 사장은 황당하다. 그는 단지 좋은 의도에서 한 말이기 때문이다.

■ ■ ■

나는 누군가로부터 그런 방식의 도움은 받고 싶지 않았다. 여기서 내가 말하는 것은 논쟁적 지원이 아니라, 획일적인 도움의 제공이 싫다는 뜻이다. 당신에게 아이들이 있다면 이런 상황을 잘 알고 있을 것이다. 우리는 아주 사랑스러웠던 어린 시절에 "혼자 할 수 있어!"라는 말을 자주 사용했다. 그것이 혼자 주스를 따르는 일이든, 칼을 다루는 일이든 말이다. 아이들은 그렇게 삶을 배워간다. 너무 많이 도와주는 사람은 아이들의 발달을 방해하는 것이다.

이런 상황을 중역 회의와 비교하는 것이 당신에게는 조금 지나친 것처럼 보이겠지만, 모든 조력자들(의식적이든 무의식적이든)이 자신들의 우위를 드러낸다는 점에서는 공통점이 존재한다. 즉 조력자는 상대에게 이런 신호를 보내는 것이다. "너는 혼자서 잘 못해. 내가 도와줄게." 그래서 사장이 회의에서 상호교류분석의 옹호자들이 말하는 '부모 역할'에 빠져드는 것은 우연이 아닌 것이다. 상대에게 처벌을 내리는 사람, 또한 상대를 위해 무엇을 대신 해주는 사람은 그 상대를 아이의 역할로 몰아가는 것이고 상대의 기회를 빼앗는 것이다.

한편 이런 상황은 직원이(사실 더 흔하게는 여직원이) 당신이 있는 자리에서 눈물을 터뜨릴 때도 해당된다. 부서 회의에서 분위기가 격해졌고, 당신의 비서가 마침내 자제력을 잃고 문을 쾅 닫고 뛰쳐나갔다고 가정해 보자. 당신은 어떻게 할 것인가? 내가 세미나에서 이런 질문을 하면, 놀랍게도 많은 참석자들이 그녀를 따라가서 위로해 주겠다고 대답한다. 그러면 나는 더 세부적으로 들어가서 어떻게 위로해 줄 것인지 물어본다. 손수건을 건넬 것인가? 빈말을 늘어놓을 것인가? 아니면 안아줄 것인가? 그 순간에 다행히 지나가는 사람이 없어서 쓸데없는 소문이 나지 않기를 바라면서 말인가? 왜 당신은 직원에게 그저 혼자서 자제력을 찾고 마음을 진정시킬 기회를 주지 않는가? 그녀가 다른 사람의 손수건에 의지하면 그녀는 금방 정신력이 약한 사람으로 낙인찍힌다. 나는 그런 상황을 여러 번 겪었고 당사자에게 나중에 물어보았다. "그럴 때 누군가 당신을 따라가서 위로해 주기를 원했나요?" 질문을 받은 직원들은 예외없이 그것은 자신이 원하는 것이 아니라고 대답했다. 나는 요즘 세미나에서 도와주기를 좋아하는 사람들을 일명 '구조대'라고 칭하면서 불필요한 도움이 직원들에게 해가 되거나 사기를 꺾을 수 있다는 사실을 알려주고 있다.

우리가 원하든 원하지 않든 직장에서는 신분과 지위가 중요하다. 누가 위에 있고, 누가 아래에 있는가? 그것이 중요하다. 당신이 이 말을 과장된 것이라고 여긴다면, 아마도 당신은 럭셔리한 업무용 차량과 전면 유리가 있는 친환경 사무실을 포기하고 지하실에 있는 소박한 사무실로 가기 위해 소형 차량을 운전하고 있는 사람일 것이다. 신분과 지위는 현대의 사무실에서도, 서열 일순위의 비비원숭이가 당당하게 언덕의 꼭대기를 차지하고 다른 원숭이가 감히 이 자리를 탐내지 못하는 동물의 세계와 비슷하게 엄격히 드러난다. 이로써 왜 사장실이 지하에 있는 경우가 드물고 은행의 공간들이 그렇게 넓은지도 설명된다. 모든 회의에서도 서열이 중요한 역할을 하고, 동등한 서열에서도 예를 들면 발언 시간, 자리 위치, 사장과의 근접함 등을 통해 미묘한 신분 싸움이 일어난다. 여성들은 흔히 그런 권력 게임의 영향력을 과소평가하기 때문에, 혹은 이러한 지위의 표현방식이 진부하다고 여기기 때문에 경영진 역할에서 어려움을 겪기도 한다. 여기서 나는 단지 처음의 질문을 되풀이할 수밖에 없다. 자신의 인생을 스스로 힘들게 만드는 것이 도움이 되는 일인가?

경영진으로서 성공하고 싶다면 그런 조직의 메커니즘을 의식하고 유약한 사람으로 보이지 않도록 조치를 강구하는 것이 좋다. 모두가 보는 앞에서 원하지 않는 도움을 받는 것은 당신의 지위를 떨어뜨린다. 제3자가 있는 곳에서 상대로부터 원하지 않는 충고를 들을 때도 마찬가지며, 그런 충고는 자동적으로 다음과 같은 내용을 시위하는 것이다. '여기 당신보다 더 잘 아는 사람이 있다.' 그러므로 충고 역시 상대가 원할 때 해야 한다.

당신은 무엇이 더 좋은가? 존경, 아니면 동정?

"대단합니다, 여러분!"

칭찬과 인정의 차이

대개의 기업은 칭찬에 너무 인색하다! 수년 전부터 저명한 동기부여 전문가들조차도 이 점을 지적하고 있다. 신참 지점장은 주말에 신문에서 성공적인 경영에 관한 기사를 읽으면서 이런 문제를 알게 되었고 아주 바람직한 결심을 한다.

그의 직원들이 얼마 후에 대형 계약을 성공시키자 지점장은 칭찬의 말을 아끼지 않는다. "여러분은 정말 잘 해냈습니다. 훌륭합니다, 대단합니다, 여러분!"

지점장은 모여 있는 직원들 앞에서 소란을 떤다. 직원들이 의아해하며 쳐다보자, 그는 다시 한 번 강조한다. "정말입니다, 여러분이 이번에 해낸 일은 최고 중의 최고였습니다." 정적. 직원들이 보인 반응의 종류는 당혹스럽게 히죽거리는 웃음부터 무표정한 얼굴까지 다양하다.

참 이상한 일이 아닌가? 어쩌면 직원들도 먼저 칭찬에 익숙해져야 할 것 같다. 그는 나가면서 한 경력 많은 직원이 불평하는 소리를 듣는다. "도대체 그는 일을 제대로 판단할 수 있는 사람인가?"

■ ■ ■

왜 칭찬이 때때로 칭찬을 받는 사람들에게 그렇게 이상하게 여겨지는 것일까? 칭찬에 대한 세상 사람들의 그 모든 찬사에도 불구하고 말이다. 칭찬이란 말로 어깨를 두드려주는 것과 같은 것인데, 이런 제스처를 사람들은 오래전부터 좋아하지 않았다. 예를 들어 객관적으로 별로 신뢰하지 않는 사람으로부터 성취 능력에 대해 칭찬을 받으면 의아심을 품게 된다. 만약 내가 아내에게 "당신 오늘 정말 요리를 잘 했는데!"라고 말한다면, 아내는 장난처럼 손가락을 머리에 대고 빙빙 돌리는 반응을 보일 것이다. 반대로 내가 "그런데 말이야, 오늘 저녁은 아주 맛있었어! 소스가 완전 예술이었고 후식도!"라고 말한다면 아내는 진심으로 기뻐할 것이다. 첫 번째 경우는 칭찬이고, 두 번째 경우는 인정이다. 두 가지가 흔히 동일한 것으로 취급되지만, 인정과 칭찬은 근본적으로 다르다.

칭찬의 경우는 앞 이야기(273쪽)에 나오는 도움의 문제와 유사하다. 누군가를 칭찬하는 사람은, 마치 조력자가 도움을 필요로 하는 사람에게 그렇듯, 칭찬 받는 사람을 얕보게 된다. 또 어떤 칭찬은 마치 먹음직스러운 껍질로 위장되어 있는 백설공주의 사과처럼 독이 들어 있다. 그래서 프로이트는 다음과 같이 말한 바 있다. "우리는 공격에 대해서는 저항할 수 있지만, 칭찬에 대해서는 무력하다."

가장 바람직하지 않은 경우는 증인들 앞에서, 예를 들면 다른 동료들 앞에서 공개적으로 칭찬을 하는 것이다. 칭찬을 받은 사람은 어쩔

칭찬	인정
우월한 지위로부터 나오는 말(부모가 아이들을 칭찬하고, 상사가 부하직원을 칭찬하지만, 그 반대는 아니다)	같은 눈높이에서, 인간 대 인간으로 나오는 말(부하직원도 상사에게 무엇인가 인정한다고 말할 수 있다)
너에 관한 메시지를 전달한다(당신은 그 일을 아주 잘했습니다!)	나에 관한 메시지를 전달한다(나는 당신이 짧은 준비에도 불구하고 우리 사건을 너무 잘 대변해 주어서 깊은 인상을 받았습니다!)
나와 관련되어 있다(내가 판단하건대)	너를 향하고 있다(내가 너에 대해서 감탄하는 것은)
흔히 획일적이다(뛰어난 실적이야!)	상세한 이유를 알려준다(자네가 얼마나 능숙하게 각기 다른 고객들에게 대처하는지가 나를 감탄하게 했네!)
목적에 이용되거나 악용될 수도 있다(당신처럼 경험이 많은 사람에게는 아주 식은 죽 먹기일 겁니다!)	정직한 가치 인정의 표현이다(나는 이 문제에서 당신의 경험을 높이 평가합니다. 당신의 경험이 이번 계약에 도움이 되었습니다)

수 없이 빛나는 본보기의 역할을 맡게 되는데, 마치 교실에서 자신의 작문을 발표할 자격을 얻은 일등 학생처럼 말이다. 이런 상황은 직원에게 동기부여를 하기보다는 동료들의 시기와 질투를 유발시킬 뿐이다. 한 직원이 상사의 칭찬으로 치켜세워지면(어제 당신의 발표는 아주 좋았어요!), 동료들에게는 아첨쟁이로 보일 수 있고 다른 상사들에게는 거만하게 보일 수 있는 곤경에 빠진다. 그러므로 긍정적인 피드백은 두 사람만 있을 때 하는 것이 가장 좋다.

인정은 가장 중요한 경영 도구의 하나임에도 실제로는 매우 드물게 사용된다. 인정은 존중을 의미하며, 용기를 주고 동기를 부여한다. 개인적인 강점과 긍정적 성취를 인정하는 것은 약점에 대해 불평과 잔소리를 하는 것보다 훨씬 더 많은 효과를 낸다. 흥미롭게도 많은 사람들이 인정과 존중이 부족하다고 불평하면서, 막상 그들이 다른 사람을 얼마나 많이 인정하고 존중했는지 물어보면 갑자기 조용해진다.

'인정 발전소'라는 한 단체는 더 많은 인정이 더 많은 동기부여로, 그리고 더 많은 생산성으로 이어진다는 사실을 입증한 다양한 연구들을 발표한 바 있다. 그들은 인터넷에 서로에 대한 존중을 표현하는 플랫폼을 마련하기도 했다.

'호손 효과'라고 알려져 있는 흥미로운 현상도 있다. 1924년부터 1932년까지 미국의 '웨스턴 일렉트릭 컴퍼니'의 호손 공장에서 이루어진 일련의 조사에서 유래한 말이다. 원래 이 연구는 어떤 노동 조건(조명과 공기, 휴식 규정, 작업장의 설치)이 노동 실적에 가장 긍정적인 영향을 미치는가를 알아보기 위한 것이었다. 놀랍게도 모든 비교그룹들이 30퍼센트의 작업 실적 증가를 보였는데, 어떤 세부 조건들을 변화시키든 상관이 없었다. 학자들은 이런 현상을 실험 진행자들과 노동자들 사이의 신뢰감 넘치는 관계, 그리고 연구 목적을 통해 간접적으로 표현된 그들의 작업에 대한 존중 덕분으로 보고 있다. 다른 말로 하자면, 누군가 그들과 그들의 작업에 관심이 있다는 표현만으로도 직원들의 사기를 높일 수 있다는 뜻이다.

우리가 행복하기 위해서는 다른 사람들의 인정이 필요하다. 우리에게 이런 인정이 지속적으로 결여되면, 우리는 비틀어진 사람으로 변하고, 번아웃 상태에 이르게 되며, 기껏해야 성과급과 다른 '고통보상금'으로 스스로를 위로해야 하는 처지가 된다. 말을 통한 인정은 존중을 표현하는 한 형태일 뿐이다. 존중은 이미 시선 교환, 미소, 의미 있는 끄덕임 등과 같은 말 없는 신호를 통해서도 이루어진다. 흔히 많은 사람들이 상대가 나의 인사를 받아주지 않을 때나 시선을 돌릴 때 심한 좌절감을 느낀다. 그리고 많은 동료 중역들은 아주 오래전에 자신들의 이름을 불러주며 인사를 받아주던 선생님 혹은 첫 번째 상사를 오래도록 잊지 못한다. 그들의 행동이 존중을 의미하기 때문이다!

말과 제스처와 더불어 인정의 또 다른 형태는 행동이다. 누군가 자신의 입장을 설명할 때 주의 깊게 경청해 주는 것, 결정을 내리는 과정에 참여시켜 주는 것, 책임을 위임해 주는 것, 중요한 프로젝트를 맡기는 것 등이 바로 그런 행동이다. 이런 인정을 해준다면 공허한 칭찬이 왜 필요하겠는가?

> 흔히 우리가 한 사람을 인간적으로 대하자마자 그 스스로도 변한 것처럼 느낀다. 오이겐 로트

후기

좋은 것은 아무것도 없다.
당신이 직접 하는 것 외에는!

그래서 나는 여기에 상세한 맺음말을 쓰지 않고 남겨놓는다. 이제 당신 차례다. 당신에게 무엇이 흥미로웠고, 새로웠고, 긴장되었는가? 무엇이 유용하겠는가? 한번 적어보라. 바로 오늘이라면 가장 좋을 것이다. 그리고 나에게 당신의 경험에 대해 알려주기 바란다. 나는 무척 궁금하다!

gm@managersparring.de
www.managersparring.de

옮긴이의 말

이 시대의 많은 청년들에게 취업은 가장 절실한 문제이다. 20대의 두 딸을 키우고 있는 역자도 취업과 연관된 현실적인 문제들을 아주 가까이서 체감하고 있다. 그런데 어려운 상황을 이겨내고 마침내 취업이 되어 회사에 들어갔다면, 과연 그것으로 모든 문제가 해결된 것일까? 결코 그렇지 않다. 이제 비로소 진정한 의미의 경쟁과 성과 위주의 직장생활이 시작된다. 그리고 시간이 흐르면서 신입사원이 대리, 과장이 되고, 다시 부장과 상무, 간혹은 전무가 되기까지 수없이 많은 문제들과 중요한 고비들을 겪게 된다.

어렵게 들어간 직장에서 잘 버텨내고 심지어 다른 사람들보다 현명하게 행동하여 앞서 나가는 일은 쉽지 않다. 신입사원일 때는 경험 부족으로 인해 많은 실수를 저지르지만, 신입사원이기에 어느 정도 용서가 되고 이해를 받을 수 있다. 그러나 조금씩 경력이 쌓이고 직급이 오르면 작은 실수도 큰 영향을 미치게 되고, 보다 냉정한 평가를 받게 된다. 또한 부하직원과 상사 사이에서 인간적으로 혹은 업무적으로 많은 어려움을 겪게 된다. 말하자면 중견간부가 되면 훨씬 더 다양한 문제들과 직면하게 된다는 뜻이다.

물론 부하직원과 상사를 동시에 신경 써야 한다는 것은 쉬운 일이 아니지만, 이런 상황이 최고의 기회가 될 수도 있다. 부하직원의 능력을 최대한 활용하고, 상사의 영향력을 최대한 이용하면서, 모두가 상생하는 직장의 삶을 위해 중견간부의 역할이 가장 중요하기 때문이다.

이 책은 앞으로 그런 단계에 오르게 될 사람들, 혹은 현재 그런 상황에 처해 있는 사람들에게 매우 현실적인 도움을 줄 수 있다. 저자가 직접 겪은 상황별 체험담이 흥미와 교훈을 동시에 전달한다. 무엇보다도 저자가 수습사원부터 중역에 이르기까지 여러 직급을 거치면서 느낀 점과 배운 점을 쓰고 있기 때문에 더욱 설득력 있게 다가온다.

또한 이 책은 실무나 구체적 상황에서의 대처 방법과 같이 현실적인 힌트 외에도 직장 생활을 먼저 시작한 선배가 주는 인간적인 조언도 담고 있다. 예를 들면 직장에서 나의 약점이나 문제점을 먼저 드러내는 것이 때로는 신뢰감을 줄 수 있다는 것, 사내 연애의 문제점, 모를 때는 섣부른 행동보다는 질문을 자주 하라는 것, 그리고 상대의 행동이나 말에 휘둘리지 말라는 것 등과 같은 이야기들을 친절하게 들려준다.

최근 들어 그 어느 때보다도 치열해진 취업 전쟁, 여기서 일단 살아남은 사람이라면 그 다음은 회사에서 원만한 인간관계와 업무 실적을 동시에 이루면서 승진을 하고 싶을 것이고 가능한 한 높은 단계까지 오르고 싶을 것이다. 그런 사람들에게 저자의 진심 어린 조언과 알찬 정보들이 큰 도움이 될 것이라고 믿는다. 그래서 저자가 기억하는 몇몇 멋진 상사들의 사례처럼, 독자들도 냉철한 능력과 따뜻한 심장을 함께 가진, 그 누군가에게 잊혀지지 않는 부하직원 혹은 상사가 될 수 있기를 기대한다.

2015년 2월

신혜원